New 轻松学新韩语

가나다 코리언

● GANADA 韩国语学院教材研究会　编著

1 中级

北京大学出版社
PEKING UNIVERSITY PRESS

著作权合同登记号 图字：01-2012-8762
图书在版编目（CIP）数据

新轻松学韩语中级 1/GANADA 韩国语学院教材研究会编著．—北京：北京大学出版社，2014.1
ISBN 978-7-301-23637-6

Ⅰ．①新… Ⅱ．① G… Ⅲ．①朝鲜语—自学参考资料 Ⅳ．① H55

中国版本图书馆 CIP 数据核字（2013）第 315436 号

© Language Plus. Hangeul-Park, 2014
All rights reserved. No part of this publication may be reproduced, stored or transmitted by any means without the prior permission of the publishers. It is for sale in the mainland part of the People's Republic of China only.
本书由韩国 Language Plus Hangeul-Park 授权北京大学出版社有限公司出版发行。

书　　　　名：	新轻松学韩语 中级 1
著 作 责 任 者：	GANADA 韩国语学院教材研究会　编著
责 任 编 辑：	崔　虎
标 准 书 号：	ISBN 978-7-301-23637-6/H · 3455
出 版 发 行：	北京大学出版社
地　　　　址：	北京市海淀区成府路 205 号　100871
网　　　　址：	http://www.pup.cn　　新浪官方微博：@ 北京大学出版社
电　　　　话：	邮购部 62752015　发行部 62750672　编辑部 62753027　出版部 62754962
电 子 信 箱：	zpup@pup.pku.edu.cn
印　　刷　　者：	河北博文科技印务有限公司
经　　销　　者：	新华书店
	889 毫米 ×1194 毫米　16 开本　17.5 印张　274 千字
	2014 年 1 月第 1 版　2025 年 1 月第 5 次印刷
定　　　　价：	52.00 元（附 MP3 盘 1 张）

未经许可，不得以任何方式复制或抄袭本书之部分或全部内容。
版权所有，侵权必究
举报电话：010-62752024　　电子信箱：fd@pup.pku.edu.cn

前言

韩国知名的韩语培训机构GANADA韩国语学院自1991年成立以来,一直致力于韩语教学研究和教材的开发。GANADA韩国语学院不仅拥有经验丰富的教材研究团队,而且编著的教材在中国、韩国、日本、美国等多个国家深受欢迎。二十多年的教材研究,使这家培训机构逐渐开发出既科学又独特的教材编排方式。

《新轻松学韩语》是以提高韩语交际能力为主要目标的综合性教材,预计出版1至6级,共6套教材。按照难易度及使用频率,分阶段配置词汇和语法点,考虑到初学者的实际情况,使用图画和照片以提高学习效率。课文内容以外国人在韩国的日常生活情景为素材加以编排,可使学习者轻松融入韩国社会,自然而然地掌握韩语。为提高听力能力,本套教材还配有专业人士录制的光盘,同时还出版与本套教材配套使用的练习册。练习册题型灵活多样,插图也很丰富。除每课配有相应的练习外,每五课设置单元练习,学习者可以通过练习能进一步掌握学过的语法及词汇。

GANADA韩国语学院教材研究会以丰富的教学经验为基础,编写了本套教材。相信可以为韩语学习者提供切实的帮助,成为学习者的良师益友,同时成为韩语教育者的良好指南手册。我们向您承诺,今后会继续致力于韩语教育的研究,不断推出适合学习者要求的新教材。

最后谨向为本书的出版给予大力支持的LanguagePLUS社长及相关人士表示深深的谢意。

GANADA韩国语学院教材研究会

凡例

本书以零基础韩语学习者为对象，配合GANADA韩国语学院的教学日程编排而成。使学习者能够均衡地学习口语·听力·阅读·写作各领域，以达到熟悉韩国人的日常生活和文化为基本目标。

 대화

首先在"对话"部分，一边跟读一边练习正确的发音，同时掌握新单词和新的修辞方式。对话内容和单词部分提供了译文。

 문법

"语法"部分，解释说明了对话中出现的语法和其使用方法，并举例说明。

 유형연습

"句型练习"部分，进行看图练习熟悉常用基本句型且在"句型练习"中学会翻译必要的新单词。

 듣기

"听力"部分，听取并理解课文中的句型和单词。虽然是初级，但提供的内容与实际生活非常接近。

 읽기

"阅读"部分，提供阅读理解与课文主题相关的故事或对话等，同时配有对新单词的解释，且附录中的原文翻译也会对文章理解有所帮助。

 활동

"练一练"部分，通过多种方法进行口语练习，提高学习效果。

 확장단어

"扩展词汇"部分，将出现与课文内容相关的单词。

 한국문화엿보기

"了解韩国文化"部分，介绍多种有助于外国人了解和掌握的韩国生活文化。

 부록

"附录"中有听力、阅读答案以及听力录音文本和阅读翻译。另外，还有单词和语法索引，可做学习参考之用。

 MP3

MP3光盘刻录了"对话"和"练习"，反复听取"听力原文"有助于改善韩语的发音、语调及提高听力能力。

出场人物

한국남
韩国男

- 韩国人
- 广告公司部长
- 54岁

한지원
韩智媛

- 韩国人
- 大学生(韩部长的女儿)
- 23岁

김예진
金艺珍

- 韩国人
- 主妇(韩部长的太太)
- 51岁

수지 콜린
秀智 克林

- 美国人
- 设计师
- 31岁

이민석
李民石

- 韩国人
- 广告公司代理
- (秀智的同事)
- 33岁

류징
柳澄

- 中国人
- 韩语学习者
- (秀智的朋友)
- 28岁

사토 메구미
佐藤惠子

- 日本人
- 日本电视台记者
- (秀智的朋友)
- 32岁

바투
巴图

- 蒙古人
- 韩语学习者
- (秀智的朋友)
- 21岁

目录

前言 3

凡例 4

出场人物 5

教材结构表 8

课文 11

제 1 과 진심으로 환영합니다 12

제 2 과 회의 시간이 3시지요? 20

제 3 과 다음 주에 면접이라서 걱정이 되네요 30

제 4 과 한솔중학교가 어디에 있는지 아세요? 42

제 5 과 교통 카드를 처음으로 써 봤어요 50

제 6 과 인터넷으로 기차표를 예매할 수 있어요? 58

제 7 과 이상한 게 아니라 재미있어요 66

제 8 과 외국인들이 오해를 해요 74

제 9 과 부장님이 한턱내신대요 82

제10과 어디가 불편해서 오셨나요? 90

제11과 알레르기가 있으시군요 98

제12과 조심하지 않으면 다치기 쉬워요 106

제13과 안개가 껴서 잘 볼 수가 없네요 114

제14과 오늘이 제일 춥다면서요? 122

제15과	우산을 써도 소용없었어요	130
제16과	수업 신청을 하려고 하는데요	138
제17과	오늘 시험 어땠어?	146
제18과	정말 오랜만이다	154
제19과	현금인출기로 하는 게 어때요?	162
제20과	이 청소기가 이상하네요	170
제21과	저게 최신폰인데 굉장해요	176
제22과	자꾸 깜빡해서 큰일 났어요	184
제23과	일단 분실 신고를 해 주세요	192
제24과	앞바퀴 바람이 빠졌어요	200
제25과	거실이 꽤 크고 넓군요	208
제26과	수납할 곳이 많아서 좋네요	216
제27과	우리끼리 먼저 점심을 먹읍시다	224
제28과	졸업이 멀지 않았는데	232
제29과	성격이 안 맞는 것 같아요	240
제30과	모아 둔 돈이 많지 않아요	248

附录 257

答案 258

听力原文 260

阅读翻译 265

单词索引 268

语法索引 279

教材结构表

주제	과	기능	문법	듣기	읽기	활동	기타
회사	1과	·인사 말하기 ·직장에서 동료와 말하기	1. -게 되다 2. -에 대해서 3. -기로 하다		회식		(단어) 회사 (직급, 부서)
	2과	·간접화법으로 말하기 I ·회의에 대해 말하기	1. -이/가 아니라 2. 간접화법 3. 간접화법 I	(듣기)			(문화) 회사에서의 호칭
	3과	·간접화법으로 말하기 II ·입사시험에 대해 말하기	1. -기는 -지만 2. 간접화법 II			인터뷰해 보세요	
교통	4과	·위치 물어보기 ·가는 길 설명하기	1. -(으)ㄴ지 2. -(으)로 해서 3. -다가		서울시티 투어버스		(문화) 서울 버스의 종류
	5과	·대중교통 이용하기 ·교통카드 사용법	1. -았/었다가 2. 아무리 -아/어도 3. -까지	(듣기)			(단어) 교통 표지판
	6과	·인터넷으로 기차표 예매하기 ·간접화법 축약형 말하기	1. -고 가다/오다 2. -대요(간접화법 축약형)			잘 아는 ___을/를 소개합니다	
한국 문화	7과	·직장 야유회 말하기 ·한국의 놀이문화 말하기	1. - 말이다 2. -(으)ㄴ 데 3. -(이)랑		재미있는 한국 문화		
	8과	·문화 차이 때문에 오해한 경험 말하기	1. -는 길 2. -(으)ㄴ데도 3. -끼리	(듣기)			(발음) 모음 '의'
	9과	·한턱내는 문화에 대해 말하기	1. -거든 2. -(으)ㄴ 경우에는 3. -다면			한국에서 ___은/는 우리나라에서 ___입니다	
병	10과	·감기 증세 말하기 ·부드러운 질문 연습하기	1. -(으)ㄴ가요? 2. 'ㅅ'불규칙 동사·형용사		청개구리		(문화) 태극기
	11과	·알레르기 증세 말하기 ·자신의 건강에 대해 말하기	1. -고 나다 2. -아/어서 죽겠다 3. -아/어 가지고	(듣기)			(단어) 병원·사람의 몸
	12과	·상처 설명하기 ·치료법 말하기	1. -아/어 놓다 2. -기 쉽다 3. -아/어야 -(으)ㄹ 수 있다			건강 상담	(문화) 한국의 건강 보험
날씨	13과	·날씨에 대해 말하기 I ·확인 표현 연습하기	1. -(으)ㄴ 편이다 2. - 때문에 3. -다고요?		여름에 삼계탕, 겨울에 냉면		(문화) 한국의 기후
	14과	·기온에 대해 표현하기 ·겨울 날씨 말하기	1. -다면서요? 2. 그래서 그런지 3. -(이)라는	(듣기)			(단어) 일기예보
	15과	·날씨에 대해 말하기 II ·과거 추측 표현하기	1. -았/었을 것 같다 2. - 같은 3. -(으)ㄹ 뿐이다			어떤 날씨가 좋을 것 같아요?	

주제	과	기능	문법	듣기	읽기	활동	기타
학교 생활	16과	·수업 신청 말하기 ·대신 할 수 있는 거 말하기	1. -대신에 2. -(으)면 되다 3. -에 따라		졸업생 답사		(발음) 구개음화
	17과	·반말 연습하기 ·시험에 대해 말하기	1. 반말 2. -다니요?	(듣기)			(단어) 존댓말
	18과	·동창에 대해 말하기 ·비교 표현 말하기	1. 한 -도 2. -처럼 3. -뿐만 아니라			반말로 말해 봅시다	
기계	19과	·은행에서 돈 찾기 ·현금인출기 사용법 말하기	1. -말고 2. -대로 3. -(으)ㄹ 수밖에 없다		싱싱냉장고 설명서		(단어) 기계
	20과	·기계 고장에 대해 말하기 ·상태 설명하기	1. -아/어 있다 2. -(으)ㄹ게요 3. -잖아요	(듣기)			
	21과	·피동 말하기 ·신제품에 대해 말하기	1. 피동 2. -덕분에			무엇이 다릅니까?	
사건과 사고	22과	·실수한 경험 말하기 ·과거 회상 표현하기	1. -을/를 위해서 2. 왠지 3. -던		비슷하지만 아주 다른 한국말		
	23과	·분실한 경험 말하기 ·부정칭 대명사 말하기	1. -았/었던 2. 누구(무엇, 어디, 언제, 몇……) 3. -(으)ㄹ 텐데	(듣기)			(문화) 120다산 콜센터
	24과	·사동 말하기 ·사건에 대해 말하기	1. 사동 2. -도중에			무슨 사고입니까?	(단어) 감탄사
집	25과	·집 구조에 대해 말하기 ·모순되는 행동 말하기	1. -(으)시지요 2. -들 3. -고서		전셋집을 구하고 있어요		
	26과	·가구와 집 정리에 대해 말하기 ·비교해서 말하기	1. -아/어야겠다 2. -에 비해서 3. -말고도	(듣기)			(단어) 반찬
	27과	·주방에 대해 말하기 ·상대방의 의향 물어 보고 자기 의견 말하기 ·과거 경험 설명하기	1. -(으)ㄹ래요? 2. -던데 3. -만큼			이런 집에서 살고 싶어요	
고민	28과	·진로에 대한 고민 말하기 ·이어지는 동작 말하기 I	1. -자마자 2. 웬 - 3. -기를 바라다		고민과 선택		
	29과	·인간관계에 대해 말하기 ·이어지는 동작 말하기 II	1. -아/어 보이다 2. -사이에 3. -는 대로	(듣기)			(단어) 친척
	30과	·결혼 문화에 대해 말하기 ·간접사동 말하기	1. -아/어 두다 2. -게 하다			제 고민을 해결해주세요	(문화) 혼수

课文

- 课文
- 语法
- 句型练习
- 听力
- 阅读
- 练一练
- 了解韩国文化

제1과 진심으로 환영합니다

01-01

한 부장: 우리 회사에 오신 것을 진심으로 환영합니다.

수 지: 감사합니다. 앞으로 잘 부탁드립니다.

한 부장: 수지 씨 말씀 많이 들었습니다. 같이 일하게 돼서 기뻐요.

수 지: 네, 저도 기대가 됩니다.

한 부장: 우선 우리 부서 일은 이 대리가 설명해 줄 거예요. 그리고 수지 씨 업무에 대해서는 회의에서 다시 얘기하기로 해요.

수 지: 한국 회사는 처음이니까 많이 도와주세요.

◉ 단어　生词

- 진심으로 真心
- 환영하다 欢迎
- 앞으로 以后
- 기대되다 期待
- 부서 部门, 机构
- 대리 代理
- 업무 业务
- 처음 初次

韩部长：真心地欢迎你加入我们公司。

秀　智：谢谢。以后还请多多关照。

韩部长：秀智，我听说了很多关于你的事，能一起共事，我非常高兴。

秀　智：我也很期待。

韩部长：首先，李代理会跟你说一下我们部门的工作。关于你负责的业务我们开会时再讨论。

秀　智：这是我第一次在韩国公司工作，请诸位多多帮助。

  语法

1 -게 되다

→ 用于词干后，表示动作或状态已完成，或已变成某种状态。

> 보기　그 두 사람은 친구 소개로 만나게 되었습니다.　他们两个人是通过朋友介绍认识的。
>
> 기타를 열심히 연습하면 잘 치게 될 거예요.
> 如果努力练习弹吉他的话，会弹得很好。
>
> 찌개가 좀 짜게 된 것 같은데 드셔 보세요.
> 菜好像有点儿咸了，您尝尝。

2 -에 대해서

→ 用于名词后，表示以该名词为对象。通常后面接以前面名词为对象的动词，后面接名词时，以'에 대한'的形式出现。与之表达相同意思的还有'에 관해서', '에 관한'。

제1과　진심으로 환영합니다　13

| 보기 | 회의 때 신제품 개발에 대해서 의논할 예정입니다.
开会时预计会对新产品的开发进行讨论。

이건 환경 문제에 대한 책이에요.　这是有关环境问题的书。

전쟁에 관한 영화를 좋아하지 않아요.　不喜欢有关战争的电影。 |

3 -기로 하다

→ 用于动词词干后, 表示约定、决定、决心等。

| 보기 | 내일 3시에 지하철역에서 만나기로 했어요.
约好明天 3 点在地铁站见。

동아리에서 방학에 봉사 활동을 가기로 했는데 갈 수 있어요?
社团决定放假的时候去做服务活动, 你能参加吗?

새해가 되면 담배를 끊기로 결심하는 사람들이 많아요.
一到新年, 就有很多人决心要戒烟。 |

유형연습　句型练习

1

보기

다음 주에 외국으로 출장을 가다 / 되었습니다.

다음 주에 외국으로 출장을 가게 되었습니다.

(1) 기름 값이 오르면 다른 물가도 오르다 / 됩니다.

(2) 회사 건물 안에서는 담배를 피우지 못하다 / 되었습니다.

(3) 열심히 연습하면 잘하다 / 될 거예요.

(4) 중요한 일을 제가 맡다 / 돼서 걱정입니다.

(5) 새집으로 이사하다 / 되면 초대하겠습니다.

2

보기

한국 드라마를 좋아해서 시작했다

가: 한국말 공부를 왜 시작하셨어요?
나: 한국 드라마를 좋아해서 시작하게 됐어요.

(1) 보통 4일이나 5일 후에는 식사하다

오늘 수술을 했는데 언제쯤 식사를 할 수 있습니까?

(2) 같이 공부하는 친구가 소개해 줘서 알았다

어떻게 이 학원을 알았어요?

(3) 공연을 본 후부터 좋아했다

언제부터 그 가수를 좋아하셨어요?

(4) 비행기 표를 사지 못해서 바꿨다

왜 여행 계획을 바꾸셨습니까?

(5) 조금 지나면 익숙해질 거다

부서가 달라지니까 처음 해 보는 일이 많아서 힘들어요.

3

보기 친구들과 만나면 일이나 가족 / 이야기를 합니다.
친구들과 만나면 일이나 가족에 대해서 이야기를 합니다.

한국어 발음 / 책입니다.
한국어 발음에 대한 책입니다.

(1) 축구나 야구 / 아는 것이 별로 없어요.

(2) 나이가 들면 건강 / 많이 생각하게 됩니다.

(3) 시험 / 궁금한 게 있으면 물어보세요.

(4) 외국어 공부 / 설문조사입니다.

(5) 은행에서 돈을 빌리면 그 돈 / 이자를 내야 합니다.

4

보기 스키선수

가 : 그 영화는 어떤 영화예요?
나 : 스키선수에 대한 영화예요.

(1) 청소년 문제

무엇에 대해서 글을 쓰고 있어요?

(2) 출장 일정

김 과장님하고 무슨 이야기를 하셨습니까?

(3) 회사 규칙
신입사원들에게 무엇을 설명했어요?

(4) 증권회사에서 일하니까 경제
신문에서 꼭 읽는 기사는 뭐예요?

(5) 한국 역사
무슨 책을 사려고 해요?

5

보기
가족들하고 여행을 가다 / 했어요.
가 : 이번 휴가에 뭐 하실 거예요?
나 : 가족들하고 여행을 가기로 했어요.

(1) 이번 주 금요일 오전에 하다 / 했어요.
다음 회의는 언제 합니까?

(2) 아니요, 취직을 하다 / 했어요.
졸업 후에 대학원에 가실 거예요?

(3) 지난번에 승진을 하면 한턱내다 / 했거든요.
영철 씨가 왜 저녁을 삽니까?

(4) 친구들하고 만나서 같이 가다 / 약속했어요.
내일 지원 씨 결혼식에 어떻게 가실 거예요?

(5) 각자 집에서 한 가지씩 만들어 오다 / 하는 게 어때요?
송별회 음식 준비는 어떻게 할까요?

단어 生词
- 출장 出差 기름 油 물가 物价 오르다 上升 중요하다 重要
- 맡다 担当, 担负 드라마 电视剧 수술 手术 바꾸다 交换 나이가 들다 上年纪
- 궁금하다 好奇 설문조사 问卷调查 이자 利息 글 文章 일정 日程, 行程
- 신입사원 新员工 증권회사 证券公司 경제 经济 승진 晋职, 升职 각자 各自

회식

지난 금요일 저녁에 부서 회식이 있었습니다. 우리 회사는 한 달이나 두 달에 한 번 회식을 하는데 이번 회식은 제 입사 기념 축하 회식이었습니다.

퇴근 후에 회사 근처에 있는 삼겹살집에서 저녁 식사를 했습니다. 물론 소주도 마시고요. 회식하면서 업무 얘기도 하고 저에 대해서 여러 가지를 물어 보셔서 이런 저런 이야기를 많이 했습니다. 다른 분들의 개인적인 이야기도 듣게 됐고요. 술을 마시면서 한국말을 하니까 더 잘 되는 것 같았습니다.

식사한 후에 2차로 노래방에 갔는데 저는 부를 줄 아는 한국 노래가 없어서 팝송을 불렀습니다. 다른 사람들은 좋아하는 노래를 부르거나 요즘 유행하는 노래를 불렀는데 빠른 노래를 부를 때는 춤도 추었습니다. 이렇게 부서 사람들과 같이 식사하면서 술도 마시고 부드러워진 분위기에서 상사, 동료, 부하직원과 편한 마음으로 이야기를 하게 되니까 서로 더 가까워지는 것 같았습니다.

회식은 일 때문에 생긴 스트레스도 풀고 회사에서 생긴 문제도 풀 수 있는 좋은 시간인 것 같습니다. 이런 회식 자리가 자주 있었으면 좋겠습니다.

1 지난 금요일에는 왜 회식을 하게 됐습니까?

2 회식 때 2차로 어디에 갔습니까?

3 회식을 하게 되면 좋은 점이 무엇입니까?

단어 生词

- 회식 聚餐
- 개인적 个人的, 私人
- 부드럽다 柔和, 柔软
- 스트레스 压力
- 입사 加入公司
- 2(이)차 第2轮
- 상사 上司
- 풀다 释放, 缓解
- 기념 纪念
- 팝송 流行歌曲
- 부하직원 下属职员

회사 公司

직급 职务

회장 会长	사장 社长, 总经理	부사장 副社长, 副总经理
전무 专务	상무 常务	이사 理事
부장 部长	차장 次长	과장 科长
실장 室长	팀장 部门经理	대리 代理
평사원 普通职员	소장 所长	원장 院长
지점장 支店长	지사장 支社长	주재원 派驻人员

부서 机构

총무부 总务部	영업부 营业部
인사부 人事部	자금부 资金管理部
홍보부 宣传部	연구개발부 研究开发部
기획실 企划部	비서실 秘书室

제2과 회의 시간이 3시지요?

🔊 02-01

수　　지: 오늘 회의 시간이 3시지요?

이 대리: 3시가 아니라 4시예요. 오 과장님이 거래처에 볼일이 있다고 해서 연기했어요.

수　　지: 그래요? 그런데 회의 시간이 얼마나 걸릴까요?

이 대리: 부장님이 오늘까지 광고 내용과 디자인을 다 결정해야 한다고 하셨으니까 금방 끝나지는 않을 거예요.

수　　지: 그럼 좀 더 시간이 생겼으니까 발표할 자료를 다시 한번 볼까요?

이 대리: 네, 좋아요. 준비해서 조금 이따가 회의실에서 만납시다.

◉ 단어   生词

□ 과장 科长
□ 연기하다 延期
□ 디자인 设计
□ 끝나다 结束
□ 발표하다 发表

□ 거래처 往来客户, 交易对象
□ 부장 部长
□ 결정하다 决定
□ 좀 더 再, 再……一点儿
□ 자료 资料, 材料

□ 볼일 要办的事
□ 광고 广告
□ 금방 立即, 马上
□ 생기다 发生, 产生

秀　　智： 今天的会议时间是3点吧?
李代理： 不是3点，是4点。吴科长说客户那儿有点儿事要办，所以延期了。
秀　　智： 是吗? 那会议要开多长时间啊?
李代理： 部长说，到今天为止要决定广告的内容和设计，应该不会很快就结束。
秀　　智： 又多出一些时间了，我们再看一遍要发表的材料吧。
李代理： 好啊，先准备一下，待会儿会议室见。

 语法

1 -이/가 아니라

➔ 用于名词或动词，形容词的名词形式 '-(으)ㄴ/는 것' 的后面，有否定前面的词，肯定后面的词的意思。一般形式是 '-(으)ㄴ/는 것이 아니라', '-(으)ㄴ/는 게 아니라'。也可以用 '아니고' 代替 '아니라'。相当于汉语的 "不是……而是……"。

보기　저는 한국이 아니라 미국에서 태어났습니다.
　　　我不是在韩国，而是在美国出生的。

　　　이건 교통카드가 아니고 신용카드예요.
　　　这不是交通卡，是信用卡。

　　　제가 직접 본 게 아니라 친구한테서 들은 이야기예요.
　　　不是我亲眼看到的，是听朋友说的。

　　　하기 싫은 게 아니고 바빠서 운동을 그만두었어요.
　　　不是我不喜欢做运动，而是因为太忙了才中途放弃的。

2 간접화법

→ 说话者转述别人的话或大家都知道的事实时，使用间接引语。在被引用文后加'고'，之后再加引用动词。常用的引用动词有'말하다, 묻다, 전하다, 듣다'等。一般常用'하다'来代替'말하다'。根据被引用文的句型和时制的不同，间接引语有如下形态。

句型	被引用文	间接引语
名词陈述句	-입니다	-(이)라고 합니다
形容词陈述句	-(스)ㅂ니다	-다고 합니다
动词陈述句	-(스)ㅂ니다	-(느)ㄴ다고 합니다
过去时陈述句	-았/었습니다	-았/었다고 합니다
疑问句	-(스)ㅂ니까?	-냐고 합니다
共动句	-(으)ㅂ시다	-자고 합니다
命令句	-(으)십시오	-(으)라고 합니다

3 간접화법 I

❋ -(이)라고 하다

→ 引用现在时的陈述句，谓词词干为'-이다'时，用'-(이)라고 하다'。否定句'-이/가 아니다'变为间接引语时，用'-이/가 아니라고 하다'。

보기 뉴스에서 다음 주부터 장마라고 하니까 대비하세요.
新闻报道说下周开始就是梅雨季节了，请做好准备。

유진 씨의 남자 친구는 한국 사람이 아니라고 합니다.
据说柳真的男朋友不是韩国人。

남편의 어머니를 시어머니라고 합니다.   丈夫的母亲称为'시어머니'。

❋ -다고 하다

→ 引用现在时的陈述句，谓词词干为形容词时，用'-다고 하다'。否定句用'-지 않다고 하다'。

보기 걷는 것이 건강에 좋다고 합니다.   走路有益健康。

평일에는 백화점이 별로 복잡하지 않다고 합니다.
据说平日里百货商店并不太拥挤。

부모님이 편찮으시다고 해서 고향에 다녀오려고 합니다.
父母说身体不太好，所以我想回故乡一次。

❈ -(느)ㄴ다고 하다

↪ 引用现在时的陈述句，谓词词干为动词时，用 '-(느)ㄴ다고 하다'。否定句用 '-지 않는다고 하다' 或 '-지 못한다고 하다'。

보기   상철 씨가 다음 주에 베트남으로 출장을 간다고 합니다.
尚哲说下周要去越南出差。

그 식당이 일요일에는 문을 열지 않는다고 합니다.
听说那家饭店星期日不开门。

장마철에는 비가 많이 온다고 하니까 우산을 가지고 다니세요.
梅雨季节经常下雨，出门请带伞。

❈ -았/었다고 하다

↪ 引用过去时的陈述句时，用 '-았/었다고 하다'。否定句用 '-이/가 아니었다고 하다', '-지 않았다고 하다' 或 '-지 못했다고 하다'。

보기   영수 씨는 학생 때 인기가 아주 많았다고 해요.
英秀说他学生时代很受欢迎。

김 과장님이 일이 끝나지 않아서 아직 퇴근을 못했다고 합니다.
金科长说事情还没做完，所以还没下班。

방을 일주일 전에 예약했다고 하는데 확인해 주세요.
他说一周前就预订了房间，请帮我确认一下。

❈ -(으)ㄹ 거라고 하다

↪ 引用表示将来或推测的句子 '-(으)ㄹ 겁니다' 时，用 '-(으)ㄹ 거라고 하다'。否定句用 '-지 않을 거라고 하다' 或 '-지 못할 거라고 하다'。

보기   시험이 있어서 도서관에서 늦게까지 공부할 거라고 해요.
因为要考试了，他说会在图书馆学到很晚。

지하철을 타면 늦지 않을 거라고 해서 지하철로 왔어요.
有人说坐地铁应该不会迟到，所以坐地铁来的。

존 씨가 내일 그 모임에 참석하지 못할 거라고 해요.
约翰说明天没办法参加聚会了。

1

팩스 / 이메일

가: 서류를 팩스로 보내셨어요?
나: 아니요, 팩스가 아니라 이메일로 보냈어요.

제가 만들었다 / 빵집에서 산 거예요.

가: 이 빵을 애니 씨가 만들었어요?
나: 아니요, 제가 만든 게 아니라 빵집에서 산 거예요.

(1) 무역회사 / 은행

로버트 씨는 무역 회사에서 일하세요?

(2) 회사일 / 감기

회사일 때문에 등산을 못 가셨어요?

(3) 가족들 / 친구들

이 선물을 가족들에게 주실 거예요?

(4) 전화했다 / 메시지를 보냈어요.

영철 씨에게 전화하셨지요?

(5) 아프다 / 공항에 친구 마중을 갔어요.

어제 학교에 안 오셨는데 아프셨어요?

2

보기

이 가방이 어제 백화점에서 산 거예요.

앙리 씨가 이 가방이 어제 백화점에서 산 거라고 합니다.

(1) 마에다 씨 생일이 5월 3일이에요.

(2) 저기가 김 과장님 자리입니다.

(3) 그 사람 말이 사실이 아니에요.

(4) 휴가에 스페인으로 여행을 갈 거예요.

(5) 10시에 출발하면 늦을 거예요.

3

보기

오늘 정말 추워요.

수지

수지 씨가 오늘 정말 춥다고 해요.

시간이 있으면 책을 읽거나 운동을 해요.

바투

바투 씨가 시간이 있으면 책을 읽거나 운동을 한다고 해요.

(1) 그 식당이 넓고 분위기도 좋아요.

이 대리

(2) 평일에는 사람이 별로 많지 않아요.

박물관 안내원

(3) 다나카 씨가 최신 한국 가요를 많이 알아요.

조 선생님

(4) 공휴일에는 가게 문을 열지 않아요.

가게 주인

(5) 처음 한국에 왔을 때는 힘들었어요.

제니퍼

4 보기

아주 재미있어요.

사람들

가: 이 영화를 본 사람들이 뭐라고 해요?
나: 사람들이 아주 재미있다고 해요.

(1) 요즘 이런 목도리를 한 사람이 많은 것 같아요.

이게 요즘 인기 드라마의 여주인공이 한 목도리예요.

가게 점원

(2) 이 부장님이 왜 회사에 안 나오셨어요?

병원에 입원했는데 수술을 해야 할 거예요.

부장님

(3) 병원에 가서 처방전을 꼭 받아야 해요?

처방전이 없으면 약국에서 약을 살 수 없어요.

친구

(4) 영선 씨는 왜 오늘 안 왔어요?

등산을 좋아하지 않아요.

영선 씨

(5) 김 과장님이 테니스를 잘 치시네요.

학생 때 테니스 선수였어요.

단어 生词 □ 메시지 **信息，短信** □ 마중을 가다 **去迎接** □ 출발하다 **出发** □ 안내원 **接待员** □ 목도리 **围巾** □ 처방전 **处方笺**

한국 문화 엿보기 了解韩国文化

在公司里的称呼

在公司，称呼同事或下属时，如果没有职务的话，一般叫做 '김○○ 씨' 或 '○○ 씨'，即在名字后加 '씨'。但不叫 '김 씨'，'이 씨'。即使没有职务，在称呼前辈或年纪较大的同事时，也不能叫做 '김○○ 씨'。这种情况下，一般称呼为 '선배님' 或 '김○○ 선배님'。

称呼相同职务的人时，年纪相同或稍小的情况下，称呼为 '김 과장' 或 '김○○ 씨'。如果对方年纪大，要在后面加 '님'，即 '김 과장님'。下属称呼上司时，在职务后加 '님'。上司称呼下属职员时，一般不在职务后加 '님'。如果下属职员年纪更大，有时也在后面加 '님'。

1 듣고 질문에 대답하십시오. 听后回答问题。 02-06

(1) 남자와 여자는 무엇에 대해서 이야기 하고 있습니까? 보기 에서 골라 쓰십시오.

남자 _____   여자 _____

보기   면접   업무   출장   승진

(2) 듣고 맞는 것을 고르십시오. _____

① 이 남자는 15일부터 다른 회사에서 일할 것 같습니다.
② 이 남자는 지금 다니는 회사를 바로 그만두려고 합니다.
③ 회사 일을 정리하는 데 2주일쯤 걸릴 것 같습니다.
④ 이 여자는 회사를 그만두지 말라고 합니다.

2 듣고 빈칸에 쓰십시오. 听后填空。 02-07

가 : 김 과장님 오늘 안 나왔어요?
나 : 몸이 좀 안 좋아서 오늘 (_____) 하셨어요.
가 : 어디가 (_____) 해요?
나 : 배도 아프고 열도 (_____) 하세요.
가 : 인플루엔자라고 해요?
나 : 인플루엔자는 아니고 그냥 (_____) 했는데……
가 : 그럼 내일도 못 (_____) 해요?
나 : 오늘 병원에 가 보고 오후에 다시 (_____) 하셨어요.

3 듣고 맞으면 O, 틀리면 X 하십시오. 02-08

听下面的内容, 对的画○, 错的画×。

(1) 이 사람은 회사 근처에서 운동을 하고 있다고 합니다. _____
(2) 일이 끝난 후에 가끔 술을 마신다고 합니다. _____
(3) 회사에서 일을 시작한 후에 운동을 하게 됐습니다. _____
(4) 저녁이 아니라 아침에 운동을 하기로 했습니다. _____
(5) 회사에서 일을 한 후에 생활이 즐거워졌다고 합니다. _____

제 2 과 회의 시간이 3시지요?   29

제3과 다음 주에 면접이라서 걱정이 되네요

류 징: 다음 주에 면접이라서 이것저것 준비하기는 했는데……. 걱정이 되네요.
메구미: 저도 그때 많이 긴장했는데 솔직하게 대답하니까 좋게 보는 것 같았어요.
류 징: 메구미 씨 면접 볼 때는 뭘 물어봤어요?
메구미: 왜 지원했냐고 물어보고 한국에서의 경험도 물어봤어요. 참, 한국어하고 영어로 자기 소개하라고 할 수도 있으니까 연습하세요.
류 징: 아, 그렇군요. 영어는 자신이 없는데…….
메구미: 연습해 보고 잘 안 되면 수지 씨에게 도와 달라고 해 보세요.

● 단어   生词

□ 면접 面试
□ 지원하다 志愿, 报名
□ 자신이 없다 没自信
□ 긴장하다 紧张
□ 경험 经历, 经验
□ 솔직하다 直率, 坦率
□ 소개하다 介绍

柳澄： 下周就要面试了，虽然各方面都做了准备还是很担心啊。
惠子： 我那时候也很紧张，但我回答问题很真诚，好像觉得我做得还不错。
柳澄： 惠子你面试的时候问了什么？
惠子： 问了为什么来应聘，还问了在韩国的经历。啊，对了，有可能让你用韩语和英语做自我介绍，你练习一下吧。
柳澄： 啊，是这样啊，我对自己的英语没有信心啊……
惠子： 你先练习一下，不行的话让秀智帮帮忙。

   语法

1 -기는 -지만

→ 对某种状态或行为的两种见解中，虽然承认前一分句所述的事实，但肯定后一分句的状态或行为。后一个分句谓词可以与前一个分句相同，也可用 '하다' 代替。

보기   돼지고기를 먹기는 먹지만 좋아하지는 않아요.
　　　 猪肉吃是吃, 但并不喜欢。

　　　 그 사람 이름을 듣기는 들었지만 기억할 수 없어요.
　　　 那个人的名字听是听过, 但想不起来了。

　　　 그 여배우가 예쁘기는 하지만 연기는 별로 잘하지 못해요.
　　　 那个女演员漂亮是漂亮, 但演技不好。

2 간접화법 II

❋ -냐고 하다

→ 引用疑问句时，谓词词干后用'-냐고 하다'。谓词词干为末尾有收音的形容词时，用'-으냐고 하다'，谓词为动词时，用'-느냐고 하다'，否定句用'-지 않냐고 하다'。

보기 남동생하고 같이 나가면 사람들이 자꾸 남자 친구냐고 해요.
跟弟弟一起出去的话，总是有人问是不是我男朋友。

외국 친구가 한국 음식 중에서 뭐가 제일 맛있냐고 해요.
外国朋友问韩国饮食中什么最好吃。

왜 요즘 운동하지 않냐고 해서 바쁘다고 했어요.
问我为什么最近不做运动，我回答说因为太忙了。

❋ -자고 하다

→ 引用共动句时，在动词词干后加'-자고 하다'。否定句用'-지 말자고 하다'。

보기 가족들이 이번 여름휴가는 바다로 가자고 합니다.
家人说这次夏季休假一起去海边。

그 사람이 결혼하자고 하면 뭐라고 대답하실 거예요?
如果那个人说我们结婚吧，你会怎样回答呢？

여자 친구가 무서운 영화를 보지 말자고 해서 웃기는 영화를 봤어요.
女友说别看恐怖电影了，所以看了搞笑电影。

❋ -(으)라고 하다

→ 引用命令句时，动词词干后加'-(으)라고 하다'。否定句用'-지 말라고 하다'。

보기 어머니가 책을 많이 읽으라고 합니다. 妈妈让我多读书。

의사가 이 약을 먹는 동안 술을 마시지 말라고 합니다.
医生说服用这种药物期间不要喝酒。

선생님께서 교과서 시디(CD)를 자주 들으라고 하셔서 날마다 듣고 있어요.
老师让我多听教材配套的CD，所以每天都在听。

※ -을/를 달라고 하다

引用 '-을/를 주다', '-아/어 주다' 形式的命令句时, 动作的结果作用于说话人时, 用 '-을/를 달라고 하다', '-아/어 달라고 하다'。动作的结果作用于第三者时, 用 '-을/를 주라고 하다', '-아/어 주라고 하다'。

보기
아들이 어머니에게 용돈을 달라고 합니다.　儿子向妈妈要零花钱。
사장님이 오시면 연락해 달라고 했어요.　社长让你来了之后给他打电话。
김 선생님이 저에게 마이클 씨를 도와주라고 하셨어요.　金老师让我帮助麦克。

句型练习

1

보기

네, 맵다 / 맛있다

가 : 한국 음식이 좀 맵죠?
나 : 네, 맵기는 하지만 맛있어요.

(1) 네, 비싸다 / 정말 마음에 들다

이 가방이 너무 비싸지 않아요?

(2) 네, 배웠다 / 잘 사용할 수 없다

이 문법을 배우셨죠?

(3) 아니요, 자주 듣다 / 잘 부르지는 못하다

한국 노래를 부를 수 있어요?

(4) 일이 힘들다 / 재미있다

회사 생활이 어때요?

(5) 같이 일하다 / 재민 씨에 대해서는 잘 모르다

같이 일하시는 재민 씨는 어떤 사람이에요?

2

보기

지하철역이 어디에 있어요?

외국인이 저에게 지하철역이 어디에 있냐고 해요.

퇴근 후에 한잔합시다.

이 대리가 수지 씨에게 퇴근 후에 한잔하자고 합니다.

보고서를 다음 주까지 내십시오.

교수님이 학생들에게 보고서를 다음 주까지 내라고 합니다.

(1) 몇 시에 문을 열어요?

(2) 시간이 있으면 같이 영화를 보러 갑시다.

(3) 비가 오는데 나가지 맙시다.

(4) 요즘 감기가 유행이니까 감기 조심하세요.

(5) 비밀이니까 다른 사람들에게는 이야기하지 마세요.

3

보기

어느 나라에서 왔습니까?

마크   사람들

가: 사람들이 마크 씨에게 뭘 물어봐요?
나: 사람들이 저에게 어느 나라에서 왔냐고 해요.

(1) 김 선생님이 전화하면 뭐라고 해요?

요즘 잘 지내요?

김 선생님

(2) 방학 때 뭘 하실 거예요?

같이 여행을 갑시다.

친구들

(3) 이사 가는 것에 대해서 가족들이 뭐라고 해요?

멀리 이사 가지 맙시다.

아이들

(4) 이 일을 언제까지 끝내야 해요?

내일까지 끝내세요.

부장님

(5) 아주머니가 뭐라고 해요?

페인트칠이 마르지 않았으니까 손대지 마세요.

아주머니

4

손님이 종업원에게 물 좀 달라고 해요.

과장님이 수지 씨에게 이 서류를 김영철 씨에게 주라고 해요.

아이가 아빠에게 같이 놀아 달라고 해요.

과장님이 이 대리에게 바쁘지 않으면 김영철 씨를 도와주라고 해요.

(1) 영수증을 주십시오.

(2) 이 피자를 사무실에서 일하는 사람들에게 주세요.

(3) 사전을 잠깐만 빌려 주세요.

(4) 시간이 있으면 동대문시장에 같이 가 주세요.

(5) 외국 손님에게 서울을 안내해 주세요.

5

보기

한국 친구를 소개해 주세요.

가 : 왕펑 씨가 무슨 부탁을 했어요?
나 : 왕펑 씨가 한국 친구를 소개해 달라고 해요.

(1) 조금 전에 상담하러 오신 분이 뭐라고 해요?

학원 안내서를 주세요.

(2) 사토 씨가 뭘 부탁하셨어요?

중국말 편지를 번역해 주세요.

(3) 태원 씨가 뭐라고 해요?

수업이 끝나면 전화해 주세요.

(4) 식당 주인이 뭐라고 해요?

저 손님에게 반찬을 좀 더 주세요.

(5) 상담 선생님이 어떻게 하라고 해요?

아이들의 말을 잘 들어 주세요.

단어 生词　　□ 문법 语法　□ 보고서 报告书　□ 유행 流行　□ 조심하다 小心, 当心　□ 비밀 秘密
□ 멀리 远远地　□ 끝내다 结束, 完成　□ 페인트칠 油漆　□ (칠이) 마르다 (漆) 干了
□ 대다 触及, 贴上　□ 종업원 职员　□ 상담하다 商谈　□ 중국말 中国话　□ 반찬 小菜

제3과　다음 주에 면접이라서 걱정이 되네요　39

 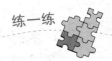

인터뷰해 보세요

각각 질문 카드를 한 장씩 고릅니다. 다른 사람들에게 질문을 하고 대답을 씁니다.
보기 와 같이 인터뷰가 끝나면 사람들의 대답을 간접화법을 이용해서 발표합니다.

每人挑选一张提问卡。
向教室里的其他人提问并写下答案。
采访结束后, 参照 보기, 用间接引语对刚才同学们的回答进行发表。

보기

(인터뷰)
학생 1: 스즈키 씨는 한국에 있는 동안 뭘 해 보고 싶습니까? 이유는요?
스즈키: 한국 요리를 배우고 싶어요. 이유는 제가 한국 음식을 아주 좋아하니까 직접 만들고 싶어서요.

(발표)
학생 1: 제가 스즈키 씨에게 한국에 있는 동안 뭘 해 보고 싶냐고, 이유는 뭐냐고 물었어요. 스즈키 씨는 한국 요리를 배우고 싶다고 해요. 이유는 한국 음식을 아주 좋아하니까 직접 만들고 싶어서라고 해요.

한국에서 가 본 곳 중에서 제일 좋은 곳이 어디입니까?

왜 그곳이 좋았습니까?

한국에 있는 동안 뭘 해 보고 싶습니까? 이유는요?

_____ 씨는 한국에 오기 전에 어디에서 무엇을 했습니까?

왜 한국에 왔습니까?

요즘 제가 스트레스가 많은데 어떻게 하면 좋을까요?

_____ 씨는 스트레스를 어떻게 푸십니까?

* 질문과 대답을 써 보십시오.

(질문)	
_____ 씨	
_____ 씨	
_____ 씨	

제4과 한솔중학교가 어디에 있는지 아세요?

🔊 04-01

수 지 : 실례지만 한솔중학교가 어디에 있는지 아세요?

행 인 : 이쪽 큰 길로 해서 곧장 가시면 빠르기는 한데 공사 중이라서 불편할 거예요.

수 지 : 그래요? 그럼 다른 길도 있습니까?

행 인 : 저쪽 길로 해서 가도 돼요. 저기 있는 약국에서 왼쪽으로 도세요. 그리고 똑바로 가시다가 첫 번째 사거리에서 오른쪽으로 가면 왼쪽에 있어요.

수 지 : 좀 복잡하네요.

행 인 : 사거리까지 가면 쉽게 찾을 수 있을 거예요.

● 단어   生词

- 곧장 一直
- 돌다 转, 转动
- 복잡하다 复杂
- 공사 工程
- 똑바로 照直
- 불편하다 不便
- 사거리 十字路口

秀智： 不好意思，请问韩率中学在哪儿？
路人： 沿着这条大路一直走很快就到了，但现在正在施工，可能会不方便。
秀智： 是吗？那有其它的路吗？
路人： 从那条路走也可以。在那边的药店向左转，然后直走，在第一个十字路口向右转，学校就在马路的左边。
秀智： 有点儿复杂啊。
路人： 走到十字路口的话很容易就能找到了。

语法

1 -(으)ㄴ지

➔ 用于动词词干后，把疑问句变为名词短句。当疑问句的谓语是形容词时，用 '-(으)ㄴ지'，谓语是动词现在时，用 '-는지'，过去时用 '-았/었는지'，将来时用 '-(으)ㄹ지'。在没有出现疑问词（谁, 什么, 什么时候, 哪儿 等）的疑问句中，重复使用反义词或对立词。后面常用动词 '알다/모르다'。

보기   이 노래 제목이 무엇인지 아세요?   你知道这首歌的名字吗?

친구들에게 다음 모임에 참석할 수 있는지 물어보려고 해요.
想问问朋友们能否参加下次的聚会。

내일까지 이 일을 끝낼 수 있을지 없을지 지금은 잘 모르겠어요.
到明天为止这件事能否结束现在还不知道。

제4과   한솔중학교가 어디에 있는지 아세요?   43

2 -(으)로 해서

→ 用于表示场所的名词后，表示经由。后面常用表示 '오다, 가다' 意思的动词。

> 보기　이 기차는 대전으로 해서 대구로 해서 부산에 갑니다.
> 这辆火车经由大田、大邱，去往釜山。
>
> 도쿄로 해서 미국에 가는 비행기 표가 좀 쌉니다.
> 经由东京飞往美国的机票稍微便宜一些。
>
> 저녁에는 큰 길로 해서 집에 갑니다.　晚上走大路回家。

3 -다가

→ 连接词尾，主要用于动词后，表示某一状态或动作在进行过程中中断，转入另一状态或动作。通常前后主语一致。

> 보기　수영을 배우다가 바빠져서 그만두었습니다.
> 学游泳的过程中变忙了，所以不学了。
>
> 저녁을 먹다가 친구에게서 온 전화를 받았습니다.
> 正吃着晚饭，接到了朋友打来的电话。
>
> 1년 쯤 한국에서 살다가 미국으로 돌아갔습니다.
> 在韩国生活了一年左右，就回美国了。

句型练习

1

이 근처에 은행이 어디에 있다 / 아세요?

이 근처에 은행이 어디에 있는지 아세요?

이 버스가 광화문에 가다 / 안 가다 / 아세요?

이 버스가 광화문에 가는지 안 가는지 아세요?

(1) 입장료가 얼마이다 / 알아요?

(2) 진우 씨가 왜 화가 났다 / 알고 싶어요.

(3) 영서 씨가 그 문제에 대해서 어떻게 생각하다 / 궁금해요.

(4) 그분이 한국말을 할 수 있다 / 없다 / 알아요?

(5) 이 가게가 일요일에도 문을 열다 / 안 열다 / 몰라요.

2

보기
부산까지 몇 시간 걸리다

가 : 부산까지 몇 시간 걸리는지 아세요?
나 : 네, 부산까지 몇 시간 걸리는지 알아요.
아니요, 부산까지 몇 시간 걸리는지 몰라요.

(1) 마틴 씨 휴대폰 번호가 몇 번이다

(2) 여기에서 어느 역이 제일 가깝다

(3) 김 선생님이 무엇을 좋아하다

(4) 왕펑 씨가 중국에 갔다 / 안 갔다

(5) 회의가 몇 시쯤 끝나겠다

3

보기
대전 / 전주에 가요.

가 : 이 기차는 어디로 해서 전주에 가요?
나 : 대전으로 해서 전주에 가요.

(1) 아니요, 일본 / 영국에 가는 비행기예요.
이 비행기는 영국으로 직접 가나요?

(2) 저는 명동 / 남산에 갔어요.
어디로 해서 남산에 가셨어요?

(3) 720번 버스가 서대문 / 광화문에 갑니다.
몇 번 버스가 광화문에 가요?

(4) 청계천 / 동대문 시장에 가면 구경도 할 수 있어서 좋아요.
동대문시장에 한번 가보고 싶어요.

(5) 사고가 난 것 같으니까 다른 길 / 갑시다.
길이 너무 복잡한데 어떻게 하면 좋을까요?

4

보기
책을 읽다 / 산책을 하러 나갔습니다.
책을 읽다가 산책을 하러 나갔습니다.

(1) 일을 하다 / 잠시 쉬고 있습니다.

(2) 텔레비전을 보다 / 잠을 잤어요.

(3) 그 두 사람이 사귀다 / 최근에 헤어졌어요.

(4) 친구를 한 시간쯤 기다리다 / 집으로 왔어요.

(5) 똑바로 100미터쯤 가시다 / 사거리에서 오른쪽으로 가세요.

5

보기

아니요, 올라가다 / 힘들다 / 내려왔어요.

가: 산꼭대기까지 올라가셨어요?
나: 아니요, 올라가다가 힘들어서 내려왔어요.

(1) 가다 / 휴대폰을 안 가져가다 / 다시 돌아왔어요.

왜 다시 돌아오세요?

(2) 자다 / 목이 마르다 / 일어났어요.

왜 그렇게 일찍 일어나셨어요?

(3) 하숙집에서 살다 / 가족들이 한국에 오다 / 아파트로 이사했어요.

왜 아파트로 이사하셨어요?

(4) 일하시다 / 볼일이 있다 / 은행에 가셨어요.

김 과장님 어디 가셨어요?

(5) 아니요, 담배를 피우다 / 건강이 나빠지다 / 1년 전에 끊었어요.

담배를 피우세요?

단어 生词　□입장료 入场费, 门票　□대전 城市名　□전주 城市名　□영국 英国　□명동 地名
□남산 南山　□서대문 地名　□광화문 地名　□청계천 地名　□최근에 最近
□내려오다 下来　□산꼭대기 山顶　□(담배를) 끊다 戒烟

서울시티투어버스

여러분, 매년 600만 명의 관광객이 방문하는 서울에 서울시티투어버스가 있는 것을 아십니까? 저는 지난달에 부모님이 서울에 오셨을 때 처음 서울시티투어버스를 이용했는데요. 너무 편하고 즐겁게 여행을 해서 여러분에게 소개해 드리려고 합니다.

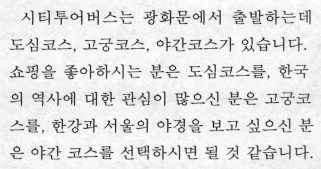

시티투어버스는 광화문에서 출발하는데 도심코스, 고궁코스, 야간코스가 있습니다. 쇼핑을 좋아하시는 분은 도심코스를, 한국의 역사에 대한 관심이 많으신 분은 고궁코스를, 한강과 서울의 야경을 보고 싶으신 분은 야간 코스를 선택하시면 될 것 같습니다.

출발 장소인 광화문에서 타고 가시다가 자신이 원하는 장소에 내리셔서 구경을 하시고 내린 장소에서 다음 버스를 무료로 이용하시면 됩니다. 운행 시간은 오전 9시부터 오후 9시까지니까 시간이 충분해서 원하는 곳을 여유있게 구경할 수 있습니다.

버스에는 좌석마다 한국어, 영어, 일어, 중국어로 관광지에 대한 소개와 정보를 듣고 볼 수 있는 헤드폰과 모니터가 있으니까 관광지를 구경하기 전에 미리 보시는 것이 좋습니다. 그리고 외국어가 가능한 가이드도 있으니까 도움을 받을 수도 있습니다.

저는 도심코스를 선택해서 부모님과 함께 서울의 유명한 관광지하고 쇼핑지를 구경했어요. 아침 10시부터 오후 6시까지 5곳을 구경하고 시내에서 맛있는 점심도 먹었습니다. 다음에는 친구들과 야간코스도 한 번 이용해 볼 생각입니다.

참, 서울시티투어버스는 월요일에는 운행하지 않는다고 합니다.

1 서울시티투어버스는 무슨 코스가 있습니까?

2 윗글의 내용과 다른 것을 고르십시오.

① 버스 안에 있는 모니터로 관광지에 대해서 알아 볼 수 있습니다.
② 첫차는 광화문에서 9시에 출발합니다.
③ 투어버스는 화요일부터 일요일까지 운행합니다.
④ 한국 역사에 대한 관심이 있는 분은 도심 코스를 선택하면 좋습니다.

단어 生词

시티투어버스 市区观光巴士	매년 每年	방문하다 访问
도심 城市中心	코스 路线	고궁 古宫
야간 夜间	야경 夜景	선택하다 选择
원하다 愿, 希望	운행 运行	충분하다 充分
좌석 坐席	헤드폰 耳机	모니터 显示器
가능하다 可能	가이드 导游, 向导	도움을 받다 得到帮助
시내 市内	참 真, 真正	

한국 문화 엿보기 了解韩国文化

首尔公交车的种类

干线公交车（蓝色/Blue Bus→B）：运行于首尔主要交通干线的公交车。以地区间的中、长距离运行为目的，所以比支线公交车的运行路线要长。

支线公交车（绿色/Green Bus→G）：与干线公交车、地铁相连，以谋求区域内的通行便利为目的。

循环型公交车（黄色/Yellow Bus→Y）：在市中心循环运行的公交车。

广域公交车（红色/Red Bus→R）：连接首都圈和首尔市中心及卫星城市中心的远距离公交车。

제4과 한솔중학교가 어디에 있는지 아세요?

제5과 교통 카드를 처음으로 써 봤어요

05-01

바 투: 어제 교통 카드를 처음으로 써 봤어요.

메구미: 사용하는 데 문제는 없었어요?

바 투: 카드 사용은 제대로 했는데 제가 버스 번호를 잘못 봐서 탔다가 내렸어요. 그래서 갈아탔는데 추가 요금이 없었어요.

메구미: 교통 카드로 무료 환승이 되는 거 몰랐어요? 돈도 아낄 수 있고 아주 편리해요.

바 투: 아무리 여러 번 갈아타도 모두 공짜예요?

메구미: 글쎄, 저도 거기까지는 잘 모르겠는데요. 아마 거리가 멀어지면 요금을 더 내야 할 거예요.

◉ 단어　生词

- 교통 카드 交通卡
- 잘못 错误, 不正确
- 환승 换乘
- 공짜 免费的, 不花钱的
- 처음으로 初次, 第一次
- 추가 요금 追加费用, 附加费
- 아끼다 节约
- 거리가 멀다 距离远
- 제대로 正确地, 圆满地
- 무료 免费
- 편리하다 方便, 便利
- 내다 交, 交出

巴图 ： 昨天我第一次用交通卡。

惠子 ： 用起来没什么问题吗?

巴图 ： 交通卡倒是使用正确了, 但是我看错了公交车号, 只好中途下车了。虽然中间换乘了, 但没有追加费用。

惠子 ： 你不知道用交通卡可以免费换乘吗? 既省钱又方便。

巴图 ： 无论换多少次都是免费的吗?

惠子 ： 嗯, 这个我也不是很清楚。如果距离远的话可能还要再交一些费用吧。

 语法

1 -았/었다가

➔ 连接词尾。主要用于动词词干后, 表示动作结束后所持续的状态中断, 并转入另一动作。多用于后面的情况与前面的情况相反时, 或动作结束后重新回到初始状态。通常前后主语一致。

　보기　텔레비전을 켰다가 껐습니다.　开了电视, 又关了。

　　　중요한 서류를 안 가지고 와서 집에 갔다가 왔어요.
　　　忘了带重要的文件, 所以又回家去取来了。

　　　여자 친구와 헤어졌다가 요즘 다시 만나고 있습니다.
　　　和女友分手了, 但最近又重新在一起了。

2 아무리 -아/어도

→ 相当于汉语的"即使再……也要……""无论再怎么……也不会……""不管怎样……还是……"。

보기　아무리 바빠도 식사는 제시간에 하세요. 即使再忙也要按时吃饭。

아무리 어려워도 중간에 포기하지 않겠습니다.
无论再怎么困难，也不会中途放弃。

아무리 절약해도 돈을 모으기가 어려워요.
不管怎样节约，攒钱还是很难。

3 -까지

→ 用于一般名词后时，表示在此基础上更，或者说话者事先没想到的。

보기　초대 받아서 잘 대접 받고 선물까지 받았습니다.
接到了邀请，并且受到了很好的招待，甚至还收到了礼物。

날이 어두워졌는데 자동차까지 고장이 났어요.
天渐渐黑了，连车也发生了故障。

친구들이 파티까지 준비할 거라고는 생각하지 못했어요.
没想到朋友们连生日派对都准备了。

句型练习

1

방학 동안 고향에 가다 / 오다

방학 동안 고향에 갔다가 왔습니다.

(1) 주식을 사다 / 팔다   (2) 여권을 잃어버리다 / 찾다

(3) 엘리베이터가 올라가다 / 내려오다   (4) 신용카드를 지갑에서 꺼내다 / 넣다

(5) 이름을 쓰다 / 지우다

2

보기

마음에 들지 않다 / 입다 / 벗다

가: 왜 그 옷을 안 입으셨어요?
나: 마음에 들지 않아서 입었다가 벗었어요.

(1) 밖에 비가 오다 / 나가다 / 들어오다

왜 다시 들어오셨어요?

(2) 시끄럽다 / 열다 / 닫다

왜 창문을 닫으셨어요?

(3) 잘못 타다 / 타다 / 내리다

왜 버스를 탔다가 내리셨어요?

(4) 약속 날짜가 변경되다 / 예약하다 / 취소하다

왜 식당 예약을 취소했어요?

(5) 사고 싶은 게 있다 / 예금하다 / 돈을 찾다

왜 예금한 돈을 찾으셨어요?

3 보기

그럼요, 바쁘다
/ 영수 씨 결혼식에는 꼭 가겠습니다.

가 : 저희 결혼식에 와 주시겠어요?
나 : 그럼요, 아무리 바빠도 영수 씨 결혼식에는 꼭 가겠습니다.

(1) 네, 비싸다 / 필요하니까 사야 해요.

비싼데, 사실 거예요?

(2) 아니요, 노력하다
/ 말하기가 어려운 것 같아요.

연습하시니까 말하기가 좀 좋아지지 않았어요?

(3) 그럼요, 그런데 이야기하다
/ 말을 듣지 않아요.

친구에게 회사를 그만두지 말라고 말해 보셨어요?

(4) 아니요, 찾아보다 / 없네요.

자동차 열쇠를 찾으셨어요?

(5) 네, 여러 번 듣다
/ 무슨 말인지 모르겠어요.

한국 뉴스를 듣기가 어렵죠?

4 보기

영어

가 : 아이가 5살인데 피아노를 배워요?
나 : 네, 영어까지 배워요.

(1) 드라마 주제가

요즘 이 드라마가 인기가 있어요?

(2) 웃는 모습

아이가 아버지를 닮았어요?

(3) 아이들 / 다 알아요.

이 옛날이야기가 유명해요?

(4) 같이 사진 / 찍었어요.

그 가수 사인을 받으셨어요?

(5) 우리 집은 물 / 안 나와요.

날이 추우니까 여기저기서 문제가 생기죠?

단어 生词
- 잃어버리다 丢失，失去
- 꺼내다 掏出，拿出
- 벗다 脱
- 변경되다 变更，改变
- 예금하다 存款
- 열쇠 钥匙
- 주제가 主题歌
- 닮다 相像，相似
- 옛날이야기 古时候的故事，古代故事
- 사인 签名
- (물이) 나오다 (水)出，出来

듣기 · 听力

1. 듣고 이 사람들이 설명하는 곳을 쓰십시오. 🔘 05-06
   听完后找出这些人所说的地方，并把最终目的地名写出来。

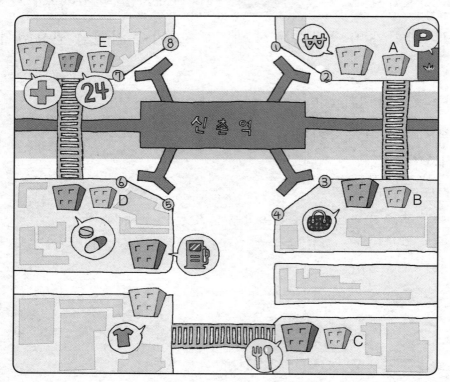

(1) _____ (2) _____ (3) _____

2. 듣고 이어지는 대답을 고르십시오. 🔘 05-07
   听完后选择正确的回答。

(1) ▢

① 빨리 가면 서대문까지 20분쯤 걸립니다.　　② 시청 앞에 가 보니까 복잡했어요.
③ 요즘 공사 중이라서 그쪽 길이 막힐 텐데……　④ 늦었다고 하니까 빨리 가세요.

(2) ▢

① 2시간 30분밖에 걸리지 않아요.
② 빠르기는 하니까 KTX를 타라고 했어요.
③ 아무리 값이 비싸도 편리하니까요.
④ 자리마다 값이 좀 다른데 5만 원쯤이에요.

3 무엇에 대한 방송입니까?
这是关于什么的节目?

① 지하철 노선 안내   ② 도로 공사 안내
③ 자동차 광고   ④ 교통 안내

교통표지판   交通安全指示牌

직진　　　　　우회전　　　　　좌회전　　　　　비보호좌회전

유턴　　　　　일방통행　　　　통행금지　　　　주차금지

서행　　　　자동차전용도로　자전거전용도로　버스전용차로

횡단보도　　　어린이보호구역　　주차장　　　　견인

제5과　교통 카드를 처음으로 써 봤어요

제6과 인터넷으로 기차표를 예매할 수 있어요?

수 지: 이번 연휴에 광주 사는 친구 집에 가려고 하는데 어떻게 가는 게 좋아요?

이 대리: 케이티엑스(KTX)를 타고 가면 훨씬 빠르고 편해요. 아마 인터넷으로 예매가 가능할 거예요.

수 지: 외국인도 인터넷으로 예매할 수 있어요?

이 대리: 될 것 같은데 사이트에 들어가 봅시다.
(잠시 후)
외국인도 회원 가입하면 인터넷으로 예매와 결제가 가능하대요.

수 지: 혹시 인터넷으로 회원 가입할 줄 알면 좀 도와주시겠어요?

이 대리: 네, 좋아요. 신분증이 필요한데 지금 가지고 있지요?

◉ 단어   生词

- 광주 城市名
- 인터넷 网络
- 들어가다 进入
- 결제 结账
- 케이티엑스(KTX) 高速列车
- 예매하다 预购，订票
- 회원 会员
- 신분증 身份证
- 가능하다 可能
- 가입하다 加入

秀　智： 这次休假我想去光州的朋友家，怎样去比较好呢？

李代理： 乘坐高速列车（KTX）的话，更快更方便。说不定还可以在网上订票。

秀　智： 外国人也可以在网上订票吗？

李代理： 应该可以吧，我们上网看看吧。（稍后）这上面说，加入会员后，外国人也可以在网上订票和结账。

秀　智： 如果您会在网上加入会员的话，能不能帮我一下？

李代理： 好的。这个需要身份证，你现在带着吧？

语法

1 -고 가다/오다

➤ '-고'用于部分动词词干（表示附着于身体一部分的动词，如 입다, 신다, 들다 和 타다 等）后，表示保持前一动作的结果进入下一动作 (参考初级2第10课语法)。后面接动词 '가다/오다' 时，表示以这种状态去或来。

보기　회사에 출근할 때에는 양복을 입고 갑니다.　去公司上班时穿西服。

　　　가방이 가벼워서 혼자 들고 갈 수 있어요.　包很轻，可以自己拿。

　　　늦어서 택시를 타고 가려고 해요.　时间晚了，所以想坐出租车去。

2 -대요(간접화법 축약형)

➔ 动词现在时陈述句的间接引语'-다고 합니다'的非格式体为'-다고 해요'。'-대요'是它的缩写，主要用于口语。间接引语的缩写形态根据被引用文的句式，有如下变化。

句型	间接引语	缩写形
名词陈述句	-(이)라고 해요	-(이)래요
形容词陈述句	-(느)ㄴ다고 해요	-(느)ㄴ대요
动词陈述句	-다고 해요	-대요
过去时陈述句	-았/었다고 해요	-았/었대요
疑问句	-냐고 해요	-내요
共动句	-자고 해요	-재요
命令句	-(으)라고 해요 -아/어 달라고 해요	-(으)래요 -아/어 달래요

보기   지용 씨 취미가 영화 보기하고 컴퓨터 게임이래요.
志龙说他喜欢看电影和玩电脑游戏。

미선 씨가 지금 하는 일이 끝나면 자기 일을 도와 달래요.
美善说如果你手头上的事做完了的话就去帮帮她。

우리 반 친구들이 오늘 수업 후에 점심을 같이 먹재요.
我们班同学说今天放学后一起吃午饭。

句型练习

1 보기

날마다 회사에 넥타이를 매다 / 갑니다.

날마다 회사에 넥타이를 매고 갑니다.

(1) 야유회에 오실 때 편한 신발을 신다 / 오세요.

(2) 날씨가 추워서 털모자까지 쓰다 / 왔습니다.

(3) 이 가방은 바퀴가 있어서 끌다 / 갈 수 있습니다.

(4) 밤이 되면 어두우니까 손전등도 가지다 / 가세요.

(5) 손을 잡다 / 다니는 연인들이 많네요.

2

물하고 김밥을 가지다 / 가요.

가 : 산에 갈 때 뭘 가지고 가요?
나 : 물하고 김밥을 가지고 가요.

(1) 자전거를 타다 / 왔어요.
여기까지 어떻게 오셨어요?

(2) 보통 정장을 입다 / 가요.
결혼식에 갈 때는 어떤 옷을 입어요?

(3) 콘택트렌즈를 끼다 / 왔어요.
오늘은 안경을 안 쓰셨네요.

(4) 메다 / 다닐 수 있는 가방을 사고 싶어요.
어떤 가방을 찾으세요?

(5) 높은 신발을 신다 / 다니면 건강에 안 좋은데.
저는 굽이 높은 구두를 자주 신어요.

3

저쪽 길이 공사 중입니다.

택시 기사님이 저쪽 길이 공사 중이래요.

(1) 이번 주가 방학이어서 학교에 가지 않아요.

(2) 이번 주에 일이 많아서 주말에도 일해야 할 것 같아요.

(3) 한국 결혼식은 시간이 얼마나 걸려요?

(4) 약속이 없으면 토요일에 같이 테니스를 칩시다.

(5) 한국말로 자주 글을 써 보세요.

4 보기

휴가예요.

가: 이 대리님은 오늘 회사에 안 나오세요?
나: 이 대리님이 휴가래요.

(1) 왜 약속을 다음 주로 연기했어요?

이번 주에 출장을 가야 해요.

(2) 저기에 사람들이 왜 저렇게 많아요?

저기에서 드라마 촬영을 하고 있어요.

(3) 히시다 씨는 한국 음식에 대해서 많이 아는 것 같아요.

학생 때 한국식당에서 아르바이트를 했어요.

(4) 면접에서 뭘 물어봤어요?

특별히 잘하는 것이 있어요?

(5) 이거 교환하러 왔다고 하니까 뭐라고 해요?

영수증을 가지고 오셨어요?

가게 점원

5

보기

약을 먹는 동안 술 마시지 마세요.

의사 선생님

가 : 왜 술을 안 드세요?
나 : 의사 선생님이 약을 먹는 동안 술 마시지 말래요.

(1) 남자 친구 : 내년 봄에 합시다.
수미 씨는 언제 결혼하실 거예요?

(2) 친구들 : 이번에는 비행기로 가지 맙시다.
제주도에 왜 배로 가시려고 해요?

(3) 선생님 : 한국 풍습에 대해서 조사해 오세요.
왜 한국 풍습에 대한 책을 찾아요?

(4) 야스다 씨 : 이사하는데 도와주세요.
일요일에 무슨 일이 있어요?

(5) 요리학원 선생님 : 가족들에게 음식을 집에서 직접 만들어 주세요.
요리학원 선생님이 뭐라고 하세요?

단어 生词
□ 털모자 皮帽子 □ 바퀴 轮子 □ 끌다 拉, 拽 □ 어둡다 黑, 昏暗 □ 손전등 手电筒
□ 연인 恋人 □ 콘택트렌즈 隐形眼镜 □ 정장 正装 □ 메다 背, 扛 □ 굽 鞋跟
□ 촬영(을) 하다 摄影 □ 면접관 面试官 □ 점원 店员 □ 풍습 风俗习惯

잘 아는 ___을/를 소개합니다

2-3명이 팀이 되어 맛있는 식당, 분위기 좋은 카페, 싼 가게 등을 이야기 한 후에 한 곳을 정해서 간단하게 소개하는 글을 쓰고 약도를 그립니다. 한 명이 대표로 나와서 보기 와 같이 장소를 소개하고, 가는 방법을 발표합니다.

2-3人一组，聊一下味道不错的饭馆，环境好的咖啡店，价格便宜的商店等，然后选定一处，简要写出介绍并画出略图。
选一名作为代表，参照 보기 ，介绍选定的场所以及去该场所的方法。

보기

제가 소개할 곳은 맛있는 떡볶이 집입니다. 야채 떡볶이, 치즈 떡볶이, 불고기 떡볶이 등 여러가지가 있고 라면, 만두, 계란을 떡볶이에 넣어서 먹을 수도 있어요. 근처 거리의 분위기도 좋고 맛도 있으니까, 떡볶이를 좋아하는 분들은 꼭 한번 가 보세요. 가는 방법은 안국역 2번 출구로 나가서 정독도서관 쪽으로 가시다가 '까치 샌드위치' 가게 앞에서 좌회전 하세요. 10미터쯤 곧장 가면 오른쪽에 있어요. 가게 이름은 '신당동 떡볶이'입니다.

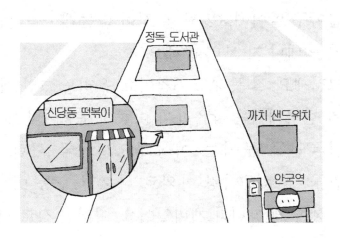

제7과 이상한 게 아니라 재미있어요

한 부장: 수지 씨, 구경 그만 하고 나가서 같이 한번 해 보세요.
수　지: 발야구 말이에요? 해 본 적이 없는데……. 나중에 배드민턴 치는 데나 가 보려고 해요.
한 부장: 그러세요. 잘 못해도 괜찮아요. 우리도 그냥 재미로 하거든요.
수　지: 네, 한국에서는 야유회 때 이렇게 운동이나 게임을 하는군요.
한 부장: 외국인들 눈에는 이상해요? 한국 사람들은 가족이나 친구, 동료들이랑 야외로 나오면 보통 이렇게 놀아요.
수　지: 이상한 게 아니라 재미있어요. 이러면 서로 사이가 가까워질 것 같아요.

● 단어　生词

□ 구경하다 观看，观赏
□ 야유회 野游，郊游
□ 야외 郊外
□ 사이가 가깝다 关系亲密
□ 그만 到此为止
□ 이상하다 奇怪
□ 놀다 玩
□ 발야구 脚踢式棒球
□ 동료 同事
□ 서로 互相

韩部长 ： 秀智，别光看了，出去一起玩儿吧。

秀　智 ： 脚踢式棒球吗？我没玩儿过啊……我想等会儿去打羽毛球的场地看看。

韩部长 ： 那好吧。玩儿不好也没关系。我们也只是当做兴趣玩玩儿。

秀　智 ： 好的。原来在韩国，野游会的时候像这样做运动或者玩游戏啊。

韩部长 ： 在外国人看来奇怪吗？韩国人和家人或朋友、同事，来到郊外时一般都是这样玩儿。

秀　智 ： 不奇怪，挺有意思的。这样一来互相之间好像更亲近了。

　　　　　　　　　　　　　　　　　　　　　　　　　　　　　　　　　　语法

1 - 말이다

→ 用于成为话题的名词或句子后，表示确认或强调。不能确定话题中的词句时，可以用疑问词来代写成疑问句。

보기　가：이 선생님 계시거든 바꿔 주세요.　如果李老师在的话请他接下电话。

　　　나：어느 이 선생님 말입니까?　您说的是哪个李老师？

　　　가：이철수 선생님 말입니다.　李哲秀老师。

제7과　이상한 게 아니라 재미있어요　67

가 : 한국에서 설날에 먹는 음식이 있지요?　在韩国,有春节时吃的比较特别的食物吧?
나 : 아! 떡국 말이군요.　啊! 你是说年糕汤啊。

가 : 다음 주에 필립 씨 송별회를 하기로 했어요.
　　下周要举办菲力的送别会。
나 : 필립 씨가 돌아간단 말이에요?　你是说菲力要回去了吗?

2 -(으)ㄴ 데

→ '데'是用于动词或形容词定语形词尾后的不完全名词,表示地方、场所。不能与'이-','그-', '저-'等冠形词一起使用。

　　보기　날씨가 더우니까 시원한 데로 갑시다.　天气太热了,我们去凉快点儿的地方吧。

　　　　공항에 가려고 하는데 공항버스 타는 데가 어디에요?
　　　　我想去机场,在哪儿坐机场巴士呢?

　　　　이 건물 안에는 담배를 피울 데가 없어요.
　　　　这栋楼里没有可以吸烟的地方。

3 -(이)랑

→ 助词。表示以平等的资格列举很多对象,比较或共动。与助词'-와/과,-하고'(参考初级1第15课语法)意思相同。'-(이)랑'主要用于口语,表示非常亲密或给人一种小孩的感觉。

　　보기　놀러 가려고 김밥이랑 음료수랑 과자랑 많이 준비했어요.
　　　　为了去玩,准备了许多紫菜包饭、饮料和点心。

　　　　지난 주말에 친구들이랑 같이 스키장에 다녀왔어요.
　　　　上周末和朋友们一起去了滑雪场。

　　　　이 회색 양복이랑 어울리는 넥타이를 사려고 해요.
　　　　我想买一条和这套灰色西服相配的领带。

유형연습

1

보기

뭐 / 내일 회식할 식당

가 : 예약하셨어요?
나 : 뭐 말이에요?
가 : 내일 회식할 식당 말이에요.

(1) 어느 옷가게 / 지난번에 같이 간 가게

그 옷가게 이름이 생각이 안 나요.

(2) 어디 / 학교 앞 사거리

지금 공사 중이라서 너무 복잡하네요.

(3) 언제 / 야유회 때

그때 참 재미있었지요?

(4) 무슨 책 / 지난번에 좋다고 한 책

그 책을 읽고 싶은데 서점에 없네요.

(5) 누구 / 사장실 정 비서

요즘 그 사람 좋은 일이 있는 것 같아요.

2

보기

외국인들이 많이 가다 / 데가 어디예요?

외국인들이 많이 가는 데가 어디예요?

제7과 이상한 게 아니라 재미있어요

(1) 지하철역에서 가깝다 / 데는 좀 시끄럽고 복잡해요.

(2) 가방 옆의 주머니는 휴대폰을 넣다 / 데예요.

(3) 은행들은 보통 사람들이 많이 다니다 / 데에 있어요.

(4) 주차장이 좁아서 차를 세우겠다 / 데가 많지 않아요.

(5) 제가 쓴 글인데 틀렸다 / 데가 있으면 고쳐 주세요.

3

보기

근처에 공원이 있다 / 데로 가고 싶어요.

가 : 어디로 이사하고 싶어요?
나 : 근처에 공원이 있는 데로 가고 싶어요.

(1) 깨끗하고 조용하다 / 데로 갑시다.

어디 가서 이야기할까요?

(2) 마음에 안 들다 / 데가 있으면 이야기해 주세요.

가게 실내장식이 전체적으로 괜찮기는 하지만…….

(3) 그렇다 / 데가 있으면 좀 소개해 주세요.

아주머니도 친절하고 음식도 맛있는 하숙집을 알고 있어요.

(4) 그 컴퓨터를 샀다 / 데로 연락해 보세요.

이 컴퓨터를 한 달 전에 샀는데 좀 문제가 있는 것 같아요.

(5) 조금 더 가면 쉬겠다 / 데가 있으니까 거기까지 갑시다.

다리가 아픈데 조금 쉬고 올라갑시다.

4

보기

화장품 / 김

가 : 선물로 뭘 샀어요?
나 : 화장품이랑 김을 샀어요.

(1) 채소 / 과일 / 맥주

냉장고 안에 뭐가 있어요?

(2) 가족들 / 친구들

누구에게 이메일을 보내세요?

(3) 배운 단어 / 문법을 연습하는 거예요.

오늘 숙제가 뭔지 알면 가르쳐 주세요.

(4) 친구 / 공연을 보러 갔어요.

지난 주말에 뭘 하셨어요?

(5) 아니요, 이 대리

출장을 혼자 가세요?

단어 生词　□ 생각이 나다 **想起**　□ 비서 **秘书**　□ 주머니 **口袋, 袋子**　□ 좁다 **狭窄**
　　　　　□ (차를) 세우다 **停(车)**　□ 실내장식 **室内装潢**　□ 전체적으로 **整体上**

제**7**과　이상한 게 아니라 재미있어요　　71

재미있는 한국 문화

중국에서 온 순양 씨

4년에 한 번씩 열리는 월드컵. 월드컵이 열리는 6월의 서울은 대단했습니다.

시청 앞, 코엑스 몰, 한강 공원 등 사람들이 모일 수 있는 데는 어디든지 붉은 티셔츠를 입고 응원 도구를 가지고 나온 한국 응원단들이 가득했습니다.

'대~한민국 짝짝짝 짝짝' '오~! 필승 코리아'

월드컵에서 시작된 한국 국민의 응원 문화는 이제는 월드컵만이 아니라 중요한 한국 팀 경기가 있을 때는 언제든지 볼 수 있는 모습입니다. 가족, 연인, 친구들이 모여 앉아 대한민국을 외치면서 응원하는 사람들을 만날 수 있고 그곳에서 한국인만 아니라 외국인들도 쉽게 볼 수 있습니다. 서로 모르는 사람들이지만 모두 친구가 되고 하나가 되는 것입니다. 이런 한국의 응원 문화에 세계인들은 감동하고 있었습니다.

영국에서 온 매튜 씨

저는 영국 사람인데 3년 전에 영국에서 만난 한국인 여자 친구랑 한국에 왔습니다. 지금은 그 여자 친구와 결혼을 해서 부부가 됐고 한국에서 일도 하게 됐습니다.

영국에 있을 때 한국에 대해서 관심이 많아서 한국에 대한 책도 보고 한국말도 열심히 공부했기 때문에 한국에 대해 많이 안다고 생각했는데 살아 보니까 새로 알게 되는 것이 참 많습니다.

제가 가장 놀란 것은 한국에는 영국보다 가족 모임이 훨씬 더 많은 것입니다. 명절, 제사, 결혼식, 생일 등등. 1년에 큰 가족 모임이 한 10번이 넘는 것 같습니다. 가족들만 아니라 먼 친척들까지 모일 때는 인사는 하지만 누가 누구인지 모를 때도 있습니다.

반대로 영국에서는 크리스마스 이외에는 큰 가족 모임이 별로 없고 모여도 가까운 가족들끼리만 모입니다.

이런 큰 가족 모임이 사람들이랑 더 가까워질 수 있는 기회라서 좋기는 한데 너무 자주 있으니까 익숙하지 않은 저한테는 가끔 힘들 때도 있습니다.

1 두 사람이 느낀 한국의 특별한 문화는 무엇입니까?

순양	
매튜	

2 윗글의 내용과 같으면 O, 다르면 X 하십시오.

(1) 한국의 응원 문화는 월드컵에서 시작됐습니다.

(2) 같이 응원을 하면 좋기는 하지만 힘들 때도 있습니다.

(3) 한국 팀을 응원하는 사람들 중에는 외국인도 있습니다.

(4) 매튜 씨 부부는 영국 사람입니다.

(5) 영국의 가족 모임은 가까운 가족들만 모입니다.

(6) 매튜 씨는 한국에 오기 전에 한국에 대해 관심이 없었습니다.

단어 生词

- 열리다 召开
- 도구 道具
- 외치다 喊
- 참 真
- 제사 祭祀
- 월드컵 世界杯足球赛
- 응원단 助威团, 拉拉队
- 감동하다 感动
- 훨씬 很, 更加, 非常
- 친척 亲戚
- 대단하다 了不起, 厉害
- 가득하다 满满的, 满溢
- 부부 夫妇
- 명절 节日

제7과 이상한 게 아니라 재미있어요

제8과 외국인들이 오해를 해요

🔘 08-01

이 대리 : 시간도 남았는데 사무실 들어가는 길에 커피 한잔 하면서 산책하는 게 어때요?

수 지 : 좋아요. 잠깐 바람도 쐬면서 기분전환도 하고요.

이 대리 : 점심 먹고 여유 있게 차까지 마시니까 기분이 좋네요. 짧은 시간인데도 사람들이 산책을 많이 하는군요.

수 지 : 그런데 한국에서는 동성끼리 손을 잡거나 팔짱을 끼고 다니는 사람들을 자주 보게 돼요.

이 대리 : 특히 여자들이 그러는데, 외국인들이 보고 오해를 하는 것 같아요.

수 지 : 저도 처음 봤을 때는 너무 놀랐는데 지금은 익숙해졌어요.

● 단어 生词

- 남다 剩, 余, 留
- 기분전환 换心情
- –끼리 们, 之间
- 특히 特别, 尤其
- 산책하다 散步
- 여유 充裕, 宽裕
- 손을 잡다 牵手
- 오해하다 误会, 误解
- (바람을)쐬다 吹风
- 동성 同性
- 팔짱을 끼다 挎胳膊
- 익숙하다 熟悉

李代理 : 还有时间，回办公室的路上我们一边喝咖啡一边散步怎么样？
秀　智 : 好的。暂时吹吹风，换一下心情。
李代理 : 吃了午饭，还有充足的时间喝茶，心情真好啊。时间虽然短，但还是有很多人散步啊。
秀　智 : 但是在韩国，经常能看到同性之间手牵着手，或者挎着胳膊走。
李代理 : 尤其是女性之间，外国人看到这种情况，好像会产生误解。
秀　智 : 我一开始看见的时候也很惊讶，现在已经习惯了。

语法

1 -는 길

➥ 用于表示移动的动词'가다, 오다'等词干后，表示向其它场所移动的途中。后面常接助词'-에'或'-이다'。

보기　어제 산 물건을 교환하러 가는 길이에요.
　　　正在去换昨天买的东西的路上。

　　　학교에 오는 길에 편의점에 들러서 음료수를 샀어요.
　　　来学校的路上顺便去便利店买了饮料。

　　　배드민턴 치러 가는 길인데 같이 가시겠어요?
　　　我正在去打羽毛球的路上，您要一起去吗?

제 8 과　외국인들이 오해를 해요　75

2 -(으)ㄴ데도

→ 陈述与之相关事实的连接词尾 '-(으)ㄴ데/는데'（参考初级2第10课语法），后面接补助词 '-도'，表示转折。用于谓词词干后，表示前一分句所说的内容在后一分句中没有出现预想的结果，而是出现了与预想所不同的其他动作或状态。

> 보기 휴가철이어서 그런지 평일인데도 고속도로에 차가 많습니다.
> 可能因为现在是休假季节，即使是平日，高速公路上的车也很多。
>
> 공부를 열심히 하는데도 생각만큼 성적이 오르지 않네요.
> 即使很努力的学习，成绩也没像想象中那样进步。
>
> 헤어진 지 10년이나 지났는데도 생각이 나요.
> 虽然分开10年了，但还是能想起来。

3 -끼리

→ 后缀，用于名词后，表示具有相同属性和性质的集合。

> 보기 여름휴가 때 가족끼리 해외로 여행을 가는 사람이 많아졌어요.
> 夏季休假时，一家人一起去旅行的人越来越多了。
>
> 회사에서 취미가 같은 사람들끼리 동호회를 만들었어요.
> 在公司里，兴趣相同的人组成了同好会。
>
> 냉장고에 과일은 과일끼리 채소는 채소끼리 따로 넣었어요.
> 水果类和蔬菜类分开放在冰箱里了。

句型练习

1

보기

친구 집에 가다 / 빵집에 들르려고 합니다.

친구 집에 가는 길에 빵집에 들르려고 합니다.

(1) 퇴근하다 / 슈퍼에서 과일을 샀어요.

(2) 부산에 가다 / 경주에도 가 봤으면 좋겠어요.

(3) 점심 먹고 오다 / 은행에서 돈을 찾았습니다.

(4) 집에 돌아가다 / 미용실에서 머리를 자르려고요.

(5) 회사에 가다 / 전화로 이 소식을 듣고 놀랐습니다.

2

보기

어제 퇴근하다 / 지하철역 근처에서 만났어요.

가 : 이 선생님을 언제 만나셨어요?
나 : 어제 퇴근하는 길에 지하철역 근처에서 만났어요.

(1) 서울로 돌아오다 / 기차에서 샀어요.

이 호두과자를 어디에서 샀어요?

(2) 이따가 집에 가다 / 서점에 가 보려고요.

사전은 언제 사실 거예요?

(3) 지난달 친구 만나러 목포에 가다 / 잠깐 들렀어요.

광주에는 언제 가 보셨어요?

(4) 아까 1층 사무실에 가다 / 계단에서 만났어요.

철호 씨를 어디에서 만났어요?

(5) 집에 돌아가다 / 버스 안에서 잃어버린 것 같아요.

지갑을 언제 잃어버린 것 같아요?

제8과 외국인들이 오해를 해요 77

3

보기: 김치가 맵다 / 잘 드시네요.
김치가 매운데도 잘 드시네요.

(1) 주말이다 / 일이 많아서 출근해야 해요.

(2) 이 제품은 비싸다 / 사고 싶어 하는 사람들이 많아요.

(3) 같은 회사에서 일하다 / 별로 만날 기회가 없어요.

(4) 한국에서 3년 살았다 / 남산타워에 가 본 적이 없어요.

(5) 날마다 이 길을 지나갔다 / 여기에 그런 가게가 있는지 몰랐어요.

4

보기: 아니요, 받았다 / 잊어버렸어요.
가: 오늘 약속에 대해서 연락을 못 받았어요?
나: 아니요, 받았는데도 잊어버렸어요.

(1) 아니요, 방학이다 / 학교에 학생들이 많아요.
방학이라서 학교가 조용하죠?

(2) 바쁘시다 / 이렇게 와 주셔서 감사합니다.
초대해 주셔서 감사합니다.

(3) 알다 / 잘 안 돼요.

사무실에서 일하는 사람들은 운동을 해야 해요.

(4) 네, 옷을 많이 입었다 / 춥네요.

오늘 날씨가 정말 춥죠?

(5) 여러 번 전화를 했다 / 받지 않아요.

지원 씨에게 전화 한번 해 보세요.

5

야구를 좋아하는 친구들 / 주말에 만나서 해요.

가: 누구하고 야구를 하세요?
나: 야구를 좋아하는 친구들끼리 주말에 만나서 해요.

(1) 아니요, 학생들

선생님하고 같이 박물관에 갑니까?

(2) 이번에는 우리 / 갑시다.

회식할 때 다른 부서 사람들도 부를까요?

(3) 놀이터에서 아이들 / 놀고 있어요.

아이들은 지금 뭘 하고 있나요?

(4) 형제들 / 돈을 모아서 드렸어요.

부모님 생신 선물로 뭘 하셨어요?

(5) 같은 종류 / 정리해 주세요.

서류들은 어떻게 정리할까요?

단어 生词　□ 들르다 顺便去　□ 호두과자 核桃点心　□ 계단 台阶　□ 남산타워 南山塔
　　　　　□ 놀이터 游乐场　□ 생신 生日, 生辰　□ 종류 种类

1 듣고 맞는 그림을 고르십시오.
   听录音并选出正确的图片。

2 듣고 맞는 것을 고르십시오.
   听录音并选出正确的选项。

① 민아 씨가 직접 담근 된장으로 찌개를 끓였습니다.
② 사 온 된장으로 찌개를 끓였습니다.
③ 민아 씨 어머니는 된장을 담그실 줄 압니다.
④ 민아 씨는 어머니랑 된장을 담근 적이 없습니다.

3 듣고 맞으면 O, 틀리면 X 하십시오. 08-09
   听下面的内容, 对的画○, 错的画×。

(1) 여자는 이천에 가 본 적이 없는 것 같습니다.

(2) 남자는 도자기를 만들 줄 안다고 합니다.

(3) 도자기를 직접 만들어 볼 수 있는 곳이 있습니다.

(4) 식사를 하고 도자기 페스티발을 보려고 합니다.

(5) 쌀밥은 값도 싸고 반찬도 많이 나옵니다.

4 듣고 질문에 대답하십시오. 08-10
听后回答问题。

(1) 들은 내용과 맞는 것을 고르십시오.

① 예약하려면 회원 가입을 해야 합니다.

② 예약할 때 신분증이 필요합니다.

③ 4개 국어로 안내를 받을 수 있습니다.

④ 한 사람이 5명까지 예약할 수 있습니다.

(2) 들은 내용에 없는 것은 무엇입니까?

① 입장권 요금   ② 예약하는 방법

③ 안내해 주는 언어   ④ 요금 내는 방법

발음규칙 发音规则

元音 '의' 的发音

1) 元音 '의' 在单词的第一个音节出现时, 读为 [eui]。

의자   의사   의미   의원   의지력

2) 元音 '의' 在单词的第二音节或之后出现时, 读为 [i]。

거의[거이]   부주의[부주이]   고의로[고이로]
여의도[여이도] 탈의실[타리실]   한의원[하니원]

3) '의' 做助词时, 读为 [e]。

친구의[친구에] 책   서울의[서우레] 거리   한국의[한구게] 역사

4) 元音 '의' 与辅音结合时, 读为 [i]。

희망[히망]   무늬[무니]   띄어 읽기[띠어 일끼]   씌우세요[씨우세요]

제8과   외국인들이 오해를 해요

제9과 부장님이 한턱내신대요

이 대리: 오늘 저녁에 부장님이 한턱내신다고 하니까 바쁘지 않거든 같이 갑시다.

수 지: 부장님이 왜 한턱을 내요?

이 대리: 부장님 아들이 이번에 대학교에 장학생으로 합격을 했대요.

수 지: 그래요? 그런 경우에도 한턱을 내요?

이 대리: 그럼요. 한국에선 이렇게 좋은 일이 있으면 주위 사람들에게 식사나 술을 대접해요.

수 지: 아무튼 부장님이 기쁜 일이 생겨서 한턱내신다면 저도 가서 축하해 드리겠습니다.

● 단어 生词

□ 한턱내다 请客　　□ 장학생 奖学生　　□ 합격하다 合格
□ 경우 情况　　　　□ 주위 周围　　　　□ 대접하다 (以饮食) 款待, 招待
□ 아무튼 不管怎样　 □ 축하하다 祝贺

李代理 : 部长说今晚请客，要是不忙的话一起去吧。
秀　智 : 部长为什么要请客啊?
李代理 : 部长说他儿子这次作为大学奖学生合格了。
秀　智 : 是吗? 这种情况也要请客吗?
李代理 : 当然了。在韩国，有这种好事时，要请周围的人吃饭或喝酒。
秀　智 : 不管怎么说，部长有好事要请客，我也去表示一下祝贺吧。

 语法

1 -거든

→ 用于谓词词干后，表示假设或条件。后面主要以命令或请求的形式出现。'-(으)면'也可用于假设，但与实现的可能性无关，只是单纯的假设。而 '-거든' 则表示说话者认为有实现的可能性。

보기　김 선생님을 만나시거든 안부 좀 전해 주세요.
　　　　如果见到金老师的话请代我问好。

　　　　시간이 나거든 한번 들르겠습니다. 如果有时间的话, 我会去拜访。

　　　　마음에 들지 않거든 다른 걸 골라 보세요.
　　　　如果不满意的话, 请挑一挑别的吧。

제**9**과　부장님이 한턱내신대요　83

2 -(으)ㄴ 경우에는

→ 谓语冠形型 '-(으)ㄴ/는/(으)ㄹ' 同 '경우에는' 结合。表示情况或情形。

보기 평일인 경우에는 오전에 시간이 없습니다.
平日上午没有时间。

시골에서 사는 경우에는 아이들 교육이 제일 걱정이에요.
在乡下生活的情况下，最担心孩子的教育问题。

계약을 취소할 경우에는 계약금을 받을 수 없습니다.
在取消合约的情况下，得不到保证金。

3 -다면

→ 间接引语 '-다고 하다'（参考中级1第2课语法3）和 '-(으)면'（参考初级1第29课语法）连用变成的 '-다고 하면' 的缩写形式。表示说话人以听到的内容为条件，或说话人自己所做的某种假设。'-(으)면' 用于马上就会实现的假设，而 '-다면' 与实现的可能性无关，只表示假设某个动作或某件事。当说话人以听到的内容为条件时，根据引用句式的不同，间接引语有多种形态。

보기 5살 이하라면 50% 할인이 됩니다.
如果5岁以下，可以打五折。

다시 학생이 된다면 공부를 열심히 해 보고 싶어요.
如果能再一次成为学生，想要努力学习。

영수 씨가 가겠다면 같이 가는 사람이 모두 10명입니다.
如果英秀也去的话，去的人一共有10个。

句型练习

1

시간이 있다 / 우리랑 같이 영화 보러 갑시다.

시간이 있거든 우리랑 같이 영화 보러 갑시다.

(1) 피곤하시다 / 좀 쉬세요.

(2) 약을 드셔도 계속 아프시다 / 병원에 다시 오세요.

(3) 제품을 쓰시다가 문제가 있다 / 이 번호로 연락 주세요.

(4) 사장님 들어오시다 / 바로 연락해 주세요.

(5) 일이 끝나셨다 / 집에 가셔도 됩니다.

2

보기

서울역 전화번호를 아시다 / 좀 가르쳐 주시겠어요?

가: 서울역에 전화해 보면 기차시간표를 알 수 있어요.
나: 서울역 전화번호를 아시거든 좀 가르쳐 주시겠어요?

(1) 네, 바쁘지 않다 / 저를 좀 도와주세요.

해야 할 일이 많으세요?

(2) 다 오시다 / 바로 출발합시다.

언제 출발합니까?

(3) 이번 주말에 날씨가 좋다 / 우리도 놀러 갑시다.

요즘 놀러 가는 사람들이 많네요.

(4) 일하시다가 모르는 게 있다 / 언제든지 물어보세요.

처음인데 많이 도와주세요.

(5) 도장을 안 가지고 오셨다 / 여기에 서명을 하셔도 돼요.

지금 도장이 없는데요.

3

주말에 약속이 없다 / 보통 집에서 쉽니다.

주말에 약속이 없는 경우에는 보통 집에서 쉽니다.

(1) 19세 미만이다 / 술이나 담배를 살 수 없습니다.

(2) 신청자가 많다 / 빨리 마감될 수도 있습니다.

(3) 카드로 돈을 찾다 / 비밀번호를 알아야 합니다.

(4) 납기일까지 세금을 내지 않았다 / 연체료도 내야 합니다.

(5) 예약을 취소하겠다 / 하루 전까지 연락해 주세요.

4

평일이다 / 7시까지 합니다.

가 : 몇 시까지 진료를 하세요?
나 : 평일인 경우에는 7시까지 합니다.

(1) 외국인이다 / 외국인 등록증이 있으면 된대요.

외국인이 휴대폰 살 때 뭐가 필요하대요?

(2) 하숙집에 살다 / 아침, 저녁을 하숙집에서 줍니다.

식사 준비는 개인이 해야 해요?

(3) 제일 좋은 자리로 하시겠다 / 20만 원입니다.

콘서트 표 가격이 어떻게 돼요?

(4) 비가 많이 오겠다 / 가지 않습니다.

비가 와도 등산을 가요?

(5) 신용카드로 계산했다 / 카드만 가져오셔도 됩니다.

영수증이 없으면 교환이 안 돼요?

5 보기

그때로 돌아갈 수 있다 / 여행을 많이 하고 싶어요.

가 : 다시 스무 살이 되면 뭘 하고 싶어요?
나 : 그때로 돌아갈 수 있다면 여행을 많이 하고 싶어요.

(1) 국내이다 / 하루에서 이틀 걸립니다.

이 물건을 보내는 데 시간이 얼마나 걸려요?

(2) 이번 주말에 바쁘다 / 다음 주말에 만납시다.

제가 다음 주말은 괜찮은데 이번 주말에는 선약이 있어요.

(3) 그렇다 / 다른 데로 갑시다.

닭갈비집에는 빈자리가 없는데 어떻게 할까요?

(4) 지하철로 가다 / 제 시간에 도착할 수 있을 거예요.

늦으면 안 되는데, 제 시간에 갈 수 있을까요?

(5) 휴대폰이 없었다 / 고생했을 거예요.

채영 씨 집을 찾기가 어렵지 않았어요?

단어 生词 : 제품 产品 · 시간표 时间表 · 도장 图章 · -세 岁 · 미만 未满 · 마감되다 截止 · 납기일 缴纳期限 · 세금 税金 · 연체료 滞纳金 · 외국인 등록증 外国人登录证 · 신용카드 信用卡 · 선약 预约 · 빈자리 空位

한국에서 ___은/는 우리나라에서 ___입니다

한국 문화와 비교해서 비슷한 각자 나라 문화를 생각해 봅니다.
각자 나라 문화를 소개할 수 있는 사진 / 그림을 집에서 미리 준비해 옵니다.
2명이 짝이 되어 보기 와 같이 1명은 한국의 문화를 설명하고 다른 1명은 자기 나라의 문화를 소개합니다.

比较韩国文化，想一想自己国家与之相似的文化。
事先在家里准备好能够介绍自己国家文化的照片、图片等。
2人一组，参照 보기 中的内容，一人介绍韩国文化，另一人介绍自己国家的文化。

보기 한국	○○○ 씨 나라
전통의상  설날 이나 결혼식 때 한복을 입어요. 여자는 치마 저고리 남자는 바지 저고리 입니다. 외국인들은 사진관에서 한복을 입고 기념사진을 찍어요.	

학생 1 : 한국의 전통 의상은 '한복'인데요, 일상 생활할 때는 별로 입지 않고 설날이나 결혼식 날 같은 특별한 날에 많이 입는다고 해요. 남자는 바지저고리, 여자는 치마저고리래요. 외국인들은 사진관에서 한복을 입고 기념사진을 찍어요.

학생 2 : 베트남의 아오자이를 소개합니다. 아오자이는 긴 윗옷과 넉넉한 바지입니다. 이 옷을 남녀 모두 입었는데 주로 여성들의 옷을 말합니다. 명절이나 행사 때에도 입고 일상 생활할 때에도 많이 입는데 여학생들은 교복으로 하얀 아오자이를 입습니다.

난방

온돌이 있어서 한국의 겨울날씨는 춥지만 집 안은 따뜻해요.

 생일

 생일날 꼭 미역국을 먹습니다. 시험 보는
날은 절대로 먹지 않습니다.

재미있게 놀 수 있는 곳

 친구, 동료, 가족들과 같이 노래방에 가요.
기본 1시간이고 더 오래 놀 수 있어요.
외국 노래도 부를 수 있어요.

술 마신 후에 먹는 음식

 술마신 다음날 해장국을 먹습니다.

선짓국, 콩나물 해장국 등
여러 가지 종류가 있어요.

제10과 어디가 불편해서 오셨나요?

의사: 어디가 불편해서 오셨나요?
수지: 기침이 나고 목이 아파서요. 몸살기도 좀 있고요.
의사: 어디 봅시다. 열도 있고 목이 많이 부으셨네요.
    따뜻한 물을 자주 마시고 푹 쉬는 게 좋겠습니다.
수지: 내일 출장을 가야 하는데 걱정이 돼요.
의사: 될 수 있으면 무리하지 마세요. 그리고 약을 이틀 분
    처방해 드릴 테니까 식후에 꼭 드세요.
수지: 네, 그렇게 하겠습니다.

● 단어　生词

- 기침이 나다 咳嗽
- 열 烧, 发烧
- 될 수 있으면 可能的话
- -분 分量
- 몸살 浑身酸痛
- 붓다 肿
- 무리하다 勉强, 过劳
- 처방하다 处方
- -기 用于谓词词干后, 使之变为体词形
- 푹 熟, 深
- 이틀 两天
- 식후 饭后

医生：　哪里不舒服？

秀智：　咳嗽，嗓子疼，还有浑身酸痛。

医生：　我来看看。发烧，嗓子也肿得厉害。最好多喝水，多休息。

秀智：　我明天还得去出差，真担心啊。

医生：　尽量不要勉强，给你开两天的药，饭后一定要服用。

秀智：　好的，我会的。

1 -(으)ㄴ가요?

➡ 疑问句终结词尾，表示更亲切委婉的询问。形容词和名词后，用'-(으)ㄴ가요'，形容词'있다, 없다'和动词过去式词干后用'-나요'。

보기　휴대폰 번호가 몇 번인가요?　请问手机号码是多少?
　　　이 음식 중에서 어느 게 안 매운가요?　这些食物中哪个是不辣的?
　　　보통 점심을 어디에서 먹나요?　一般中午在哪里吃饭?

2 'ㅅ' 불규칙 동사·형용사

→ 词干以'ㅅ'结尾的部分动词或形容词，后面接以元音开头的词尾时，'ㅅ'脱落。
　＊但也有'웃다, 벗다, 씻다'等按规则变化的词语。

基本形	-아/어요	-았/었습니다	-아/어서	-(으)면	-지만
짓다	지어요	지었습니다	지어서	지으면	짓지만
낫다	나아요	나았습니다	나아서	나으면	낫지만
붓다	부어요	부었습니다	부어서	부으면	붓지만
*웃다	웃어요	웃었습니다	웃어서	웃으면	웃지만

보기　김준호 씨 이름을 누가 지어 주었어요?　金俊浩你的名字是谁给你起的?
　　　병이 나으면 여행을 가고 싶어요.　如果病好了, 想去旅行。
　　　사진을 찍을 때는 활짝 웃으세요.　拍照的时候请笑一笑。

句型练习

1

여기에서 어느 역이 제일 가깝다

여기에서 어느 역이 제일 가까운가요?

어디로 여행을 가시다

어디로 여행을 가시나요?

(1) 이 노래를 부른 가수가 누구이다　　(2) 제임스 씨 고향이 한국보다 춥다

(3) 여기에 대해서 더 물어보실 게 있다　(4) 백화점 문을 몇 시에 열다

(5) 누구에게서 그 말을 들으셨다

2

보기

공부할 게 많다

가 : 내일 시험을 봐서 공부해야 해요.
나 : 공부할 게 많은가요?

(1) 휴가 때 뭐 하실 거다

이 일이 끝나면 1주일 정도 휴가를 받으려고 해요.

(2) 한국에 친구가 많다

친구들이 있어서 한국 생활이 즐거워요.

(3) 사무실이 어디에 있다

우리 사무실 근처에 분위기 좋은 카페들이 많아요.

(4) 어떤 음악을 자주 듣다

시간이 있으면 책을 읽거나 음악을 들어요.

(5) 언제 보내셨다

서류를 우편으로 보냈는데요.

3

보기

병이 낫다 / 다시 일을 할 수 있게 되었어요.

병이 나아서 다시 일을 할 수 있게 되었어요.

(1) 학교 다닐 때 친구들끼리 별명을 짓다 / 불렀어요.

(2) 근처에서 아파트를 짓다 / 먼지가 많고 시끄러워요.

(3) 어제 다친 손가락이 붓다 / 병원에 갔다 왔어요.

(4) 음식을 먹고 자면 얼굴이 붓다 / 자기 전에 안 먹어요.

(5) 이 식당 분위기가 다른 데보다 낫다 / 이리로 정했습니다.

4

보기

고장이 나다

가: 왜 휴대폰을 바꿨어요?
나: 고장이 나서 바꿨어요.

(1) 이 근처에서 불이 나다

왜 소방차가 왔어요?

(2) 교통사고가 나다

친구가 왜 다쳤어요?

(3) 아이가 갑자기 열이 나다

왜 밤에 응급실에 가셨어요?

(4) 냉장고에서 소리가 나다

왜 애프터 서비스센터에 연락했어요?

(5) 먹을 때 땀이 많이 나다

왜 뜨거운 음식을 안 드세요?

단어 生词　□우편 邮递, 邮寄　□별명 别名, 别称　□(이름을) 짓다 起(名)　□소방차 消防车
□애프터 서비스센터 售后服务中心

청개구리

　옛날 어느 청개구리 가족이 살았습니다. 그런데 청개구리 형제들은 엄마의 말을 잘 듣지 않았습니다.

　엄마 청개구리가 아이들에게 바람이 불고 날씨가 안 좋으니까 집 안에서 놀라고 하면, 청개구리 형제들은 "싫어요. 우리들은 밖에 나가서 놀 거예요."하고는 모두 밖으로 나갔습니다. 하루는 비가 너무 많이 와서 여기저기서 홍수가 났습니다. 엄마 청개구리는 아이들에게 물이 많은 곳에는 도마뱀이 있으니까 가면 큰일 난다고 했습니다. 이 말을 들은 청개구리 형제들은 이번에도 "도마뱀이 어떻게 생겼는지 보러 갈 거예요." 하고는 모두 뛰어나갔습니다.

　이렇게 늘 반대로만 하는 청개구리 형제들 때문에 엄마 청개구리는 자나 깨나 걱정을 하다가 병이 났습니다. 약을 먹었는데도 병은 낫지 않았고 엄마 청개구리의 건강은 점점 더 나빠졌습니다.

　엄마 청개구리는 죽은 다음에 산에 묻히고 싶었기 때문에 청개구리 형제들을 불러서 엄마가 죽거든 산에 묻지 말고 강가에 묻어 달라고 부탁했습니다. 이 말을 끝내고 엄마 청개구리는 눈을 감았습니다.

　그때야 자기들의 잘못을 알게 된 청개구리 형제들은 "우리들은 그동안 어머님의 말씀에 반대로만 했으니까 이번만은 어머님 말씀을 들읍시다."하고 어머니를 산에 묻지 않고 강가에 묻었습니다.

　그래서 지금도 청개구리들은 비 오는 날이면 강가에 묻은 엄마의 무덤이 물에 떠내려 갈 것을 걱정하면서 슬프게 운다고 합니다.

1 그림을 이야기 순서대로 맞추고 이야기를 말해 보십시오.

(　　　) → (　　　) → (　　　) → (　　　)

①

②

③

④

2 어떤 사람을 '청개구리'라고 부를 것 같습니까?

단어 生词

- 청개구리 青蛙
- 자나 깨나 不分昼夜，时时刻刻
- 눈을 감다 闭眼
- 홍수가 나다 发洪水
- 묻히다 被掩埋
- 무덤 坟墓
- 도마뱀 蜥蜴
- 묻다 掩埋
- 떠내려가다 冲走，漂走

한국 문화 엿보기 　了解韩国文化

太极旗

　　太极旗以白色为底，在四角上画有八卦中的四卦。中间是由红色和蓝色组成的太极图样。这样的太极旗有何象征意义呢？

　　太极旗的白色部分象征着开朗、纯真、热爱和平的韩民族。四卦分别叫做"乾卦，坤卦，坎卦，离卦"。"乾卦"象征着天空、春天、东方；"坤卦"象征着大地、夏天、西方；"坎卦"象征着水（月）、冬天、北方；"离卦"象征着火（日）、秋天、南方。

　　太极旗的中央画有太极图形，由代表阳气的红色和代表阴气的蓝色组成。太极象征着阴阳调和，宇宙万物始于阴阳，并由此发展壮大。

제11과 알레르기가 있으시군요

메구미: 몸에 두드러기가 나고 점점 가려워져서 그만 집에 가야할 것 같아요.

류 징: 왜 그러죠? 혹시 음식을 잘못 드신 거 아니에요?

메구미: 아까 점심에 먹은 음식이 문제인 것 같아요. 새우를 한두 개밖에 안 먹었는데도 이렇네요.

류 징: 알레르기가 있으시군요. 병원에 안 가봐도 되겠어요?

메구미: 일본에서 가져온 약이 있어요. 그 약 먹고 나서 하루 이틀 지나면 괜찮아져요. 정말 불편해 죽겠어요.

류 징: 제 동생도 음식 알레르기가 있어 가지고 고생하는데……

● 단어　生词

- 두드러기 皮疹, 荨麻疹
- 그만 到此为止
- 새우 虾
- 고생하다 受苦, 吃苦
- 점점 渐渐, 逐渐
- 혹시 或许, 或者
- 지나다 （时间）过去
- 가렵다 痒
- 문제 问题
- 괜찮다 不要紧, 没关系

惠子： 我身上起荨麻疹了，越来越痒，看来得回家了。

柳澄： 怎么会这样？是不是吃错什么了？

惠子： 好像是刚才吃的午饭有问题。我只吃了一两只虾就变成了这样。

柳澄： 原来是有过敏性反应啊。不去医院看看没关系吗？

惠子： 我有从日本带来的药。吃了药过一两天就会好。真是难受死了。

柳澄： 我弟弟也食物过敏，没少吃苦头啊……

 语法

1 -고 나다

→ 用于动词词干后，表示强调一个动作结束，另一动作或状态开始。

　보기　인터넷으로 가격을 알아보고 나서 컴퓨터를 사러 가려고 해요.
　　　　我想先在网上了解一下价格再去买电脑。

　　　　일을 끝내고 나면 마음이 개운해요. 干完工作之后，心情会很舒畅。

　　　　아이가 태어나고 난 뒤부터 집안 분위기가 좋아졌어요.
　　　　自从孩子出生以后，家里的气氛变得越来越好了。

2 -아/어서 죽겠다

→ 用于动词和形容词词干后，表示对前面状态或行为的感情已到了极点。

> 보기　우리 집 고양이가 귀여워서 죽겠어요.　我家的猫可爱死了。
>
> 　　　선생님이 날마다 시험을 봐서 죽겠어요.　老师每天都考试，真是要死了。
>
> 　　　바빠 죽겠는데 컴퓨터까지 고장이 났어요.
> 　　　都要忙死了，电脑还出了故障。

3 -아/어 가지고

→ 连接词尾，用于谓词词干后，表示前一动作的结果或状态保持原状，直接带入后一动作。或者表示前一分句是后一分句的理由或原因等。是 '-아/어서'（参考初级2第2课语法，第8课语法）的口语形式。

> 보기　기름 값이 올라 가지고 다른 물가도 비싸졌어요.
> 　　　因为汽油涨价了，所以其他物价也上涨了。
>
> 　　　친구랑 지하철역에서 만나 가지고 같이 가기로 했습니다.
> 　　　与朋友约好在地铁站见面后一起去。
>
> 　　　그 책을 도서관에서 빌려 가지고 읽었어요.　那本书是从图书馆借来读的。

　　　　　　　　　　　　　　　　　句型练习

1

　식사하다 / 이 약을 드세요.

식사하고 나서 이 약을 드세요.

(1)　숙제를 끝내다 / 텔레비전을 보세요.

(2) 아까 친구한테 전화를 받다 / 기분이 안 좋아졌어요.

(3) 좀 더 알아보다 / 집을 계약하는 게 어때요?

(4) 운동을 시작하다 / 감기에 잘 걸리지 않아요.

(5) 검사 결과를 보다 / 수술 날짜를 정한대요.

2

보기

한국말을 배우다 / 한국 생활이 즐거워졌어요.

가 : 한국 생활이 어때요?
나 : 한국말을 배우고 나서 한국 생활이 즐거워졌어요.

(1) 좋아요. 테니스 치다 / 점심도 같이 먹읍시다.

이번 일요일에 같이 테니스나 칠까요?

(2) 이 책을 읽다 / 독후감을 쓰는 거예요.

숙제가 뭐예요?

(3) 네, 같이 여행을 하다 / 친해졌어요.

그 친구와 친하세요?

(4) 담배를 끊다 / 그런 말을 많이 들어요.

전보다 건강해지신 것 같아요.

(5) 먼저 박물관을 구경하다 / 점심 식사를 할 거예요.

오늘 일정이 어떻게 되나요?

3

일이 많다

가 : 요즘 회사 생활이 어때요?
나 : 일이 많아서 죽겠어요.

(1) 머리가 아프다

어디가 불편하세요?

(2) 네, 가족들이 보고 싶다

가족들과 떨어져 사니까 힘들죠?

(3) 학생들이 말을 안 듣다

초등학교에서 가르치기가 어때요?

(4) 네, 걱정이 되다

5시인데 아이가 아직 안 돌아왔어요?

(5) 네, 화가 나다

태수 씨가 또 약속을 안 지켰어요?

4

교통카드가 없다 / 현금으로 요금을 냈습니다.

교통카드가 없어 가지고 현금으로 요금을 냈습니다.

(1) 어젯밤에 잠을 못 자다 / 지금 졸려 죽겠습니다.

(2) 날씨가 너무 덥다 / 입맛도 없습니다.

(3) 말이 너무 빠르다 / 이해할 수 없었습니다.

(4) 병원에 가다 / 검사를 받아 보세요.

(5) 국제면허증을 받다 / 직접 운전하면서 여행을 다닐 생각입니다.

5

피곤하다 / 집에서 쉬었어요.

가 : 주말에 뭘 하셨어요?
나 : 피곤해 가지고 집에서 쉬었어요.

(1) 아니요, 월말이다 / 일이 늦게 끝날 것 같아요.

오늘 저녁에 시간이 있어요?

(2) 맵다 / 많이 먹을 수 없어요.

맛있는데 왜 조금만 드세요?

(3) 아니요, 길이 막히다 / 조금 늦었어요.

제시간에 도착하셨어요?

(4) 역에 전화하다 / 알아봤어요.

기차 시간은 어떻게 아셨어요?

(5) 아니요, 고치다 / 계속 쓰려고 해요.

노트북을 새로 사실 거예요?

단어 生词
- 검사 检查, 检验
- 결과 结果
- 독후감 读后感
- 친하다 亲密, 亲近
- 떨어져 살다 分开生活
- 말을 듣다 听话
- (약속을) 지키다 遵守约定
- 입맛 胃口, 食欲
- 국제 면허증 国际驾照
- 제시간에 原定时间, 正点

1 듣고 맞는 그림을 고르십시오.
   听录音并选出正确的图片。

 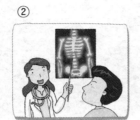  

2 듣고 이 사람이 가야할 병원을 고르십시오.
   听后选择这个人应该去的医院。

   (1)
   ① 소아과   ② 내과   ③ 이비인후과   ④ 안과

   (2)
   ① 정신과   ② 치과   ③ 내과   ④ 산부인과

   (3)
   ① 안과   ② 피부과   ③ 정신과   ④ 이비인후과

   (4)
   ① 소아과   ② 외과   ③ 치과   ④ 성형외과

3 듣고 질문에 대답하십시오.
   听后回答问题。

   (1) 사람들은 왜 건강에 대한 글을 보면 관심을 갖습니까?

   (2) 건강해지는 생활 습관을 3개 이상 쓰십시오.

병원　医院

내과　内科

외과　外科

소아과　小儿科

안과　眼科

치과　牙科

피부과　皮肤科

성형외과　整形外科

정형외과　骨科

산부인과　妇产科

정신과　精神科

이비인후과　耳鼻喉科

사람의 몸　人的身体

- 이마
- 눈썹
- 입술
- 목
- 가슴
- 팔꿈치
- 허리
- 손목
- 볼
- 턱
- 어깨
- 배
- 손가락
- 손톱
- 무릎
- 발등
- 발목
- 발바닥
- 등
- 엉덩이

제12과 조심하지 않으면 다치기 쉬워요

🔊 12-01

이 대리 : 수지 씨, 괜찮아요? 무릎에서 피가 나네요. 손바닥도 다쳤고…….

수　 지 : 비가 와서 바위가 미끄럽네요.

이 대리 : 배낭을 여기 내려놓고 앉아 보세요. 저에게 약이 있어요.

수　 지 : 약도 바르고 반창고도 붙이니까 덜 아픈 것 같아요. 감사합니다.

이 대리 : 등산할 때 조심하지 않으면 다치기 쉬워요. 만약에 붓거나 계속 아프시면 바로 병원에 가서 사진을 찍어 보세요.

수　 지 : 주말에는 큰 병원 응급실로 가야 진찰을 받을 수 있죠?

● 단어   生词

- 무릎 膝盖
- 다치다 碰伤, 受伤
- 배낭 背包, 背囊
- 반창고 创可贴
- 응급실 应急室, 急诊
- 피가 나다 出血
- 바위 岩石
- 내려놓다 放下, 搁下
- 붙이다 贴
- 진찰을 받다 看病, 诊察
- 손바닥 手掌
- 미끄럽다 滑
- 바르다 涂, 抹
- 덜 不够, 不太

李代理： 秀智，你没事吧？膝盖都出血了，手掌也受伤了……
秀　智： 下了雨石头太滑了。
李代理： 把背包放这儿，先坐下，我有药。
秀　智： 涂了药，贴上创可贴之后好像没那么疼了。谢谢。
李代理： 爬山时如果不小心，很容易就会受伤的。如果肿了或者还疼的话，马上就去医院拍片吧。
秀　智： 周末得去大医院的急诊才能看病吧？

1 -아/어 놓다

↪ 用于动词词干后，表示动作结束后的状态一直持续。

보기　문을 왜 열어 놓았습니까?　门怎么开着?
　　　에어컨을 켜 놓았는데도 시원하지 않네요.　开着空调也不凉快。
　　　꽃을 꽂아 놓으니까 분위기가 너무 좋아요.　插上花之后, 气氛真是太好了。

2 -기 쉽다

→ 用于动词词干后，表示某种状态或动作出现的可能性很大。这里的 '쉽다' 表示可能性很大。

보기　여름에 찬 음식을 많이 먹으면 배탈이 나기 쉬워요.
　　　夏天吃很多凉东西的话很容易拉肚子。

　　　어두운 데서 책을 읽으면 눈이 나빠지기 쉬우니까 조심하세요.
　　　在昏暗的地方看书视力很容易变坏，请多注意。

　　　틀리기 쉬운 문법은 더 많이 연습하십시오.
　　　容易错的语法请多练习。

3 -아/어야 -(으)ㄹ 수 있다

→ '-아/어야' 表示为了使后一分句能够成立的必备条件。条件的强度根据后一分句的意思决定。后一分句出现 '-(으)ㄹ 수 있다' 时，表示"只有在这种情况下"的必然条件。

보기　먹어 봐야 맛을 알 수 있지요.　得尝过才知道味道。

　　　눈이 너무 나빠서 안경을 껴야 볼 수 있습니다.　视力很不好，只有戴眼镜才能看见。

　　　1주일쯤 기다려야 검사 결과가 나올 것 같아요.　要等一周左右检查结果才能出来。

句型练习

1

보기

친구들에게 주려고 선물을 샀습니다.

친구들에게 주려고 선물을 사 **놓았습**니다.

(1) 외투는 저 옷걸이에 거세요.

(2) 회의 전에 그 문제에 대해서 생각해야 해요.

(3) 손님이 오시기 전에 뭘 준비하면 돼요?

(4) 보고서 쓸 자료를 아직 찾지 않았어요.

(5) 차를 여기에 주차하면 안 됩니다.

2

보기

아까 사서 냉장고에 넣었습니다.

가 : 맥주가 시원하네요.
나 : 아까 사서 냉장고에 넣어 놓았습니다.

(1) 네, 제가 번호를 휴대폰에 저장했어요.

중국집 전화번호가 몇 번인지 알아요?

(2) 아니요, 재료만 샀습니다.

음식 준비는 다 하셨어요?

(3) 딸기잼을 담그려고요.

웬 딸기를 이렇게 많이 사셨어요?

(4) 인터넷이나 전화로 예약부터 하세요.

대학 병원에 가서 진료를 받고 싶은데요.

(5) 네, 만들겠습니다.

부탁한 서류를 내일 오후에 받을 수 있어요?

3

이 술잔은 깨지다 / 씻을 때 조심하세요.

이 술잔은 깨지기 쉬우니까 씻을 때 조심하세요.

(1) 환절기에는 감기에 걸리다 / 옷을 따뜻하게 입으세요.

(2) 서두르면 실수하다 / 천천히 하세요.

(3) 눈이 오면 사고가 나다 / 운전을 하지 않아요.

(4) 약속을 잊어버리다 / 꼭 메모를 해 놓습니다.

(5) 말을 안 하면 오해하다 / 잘 설명하는 게 좋습니다.

4

통장이 있다 / 카드를 만들다

가: 신용 카드를 만들고 싶은데요.
나: 통장이 있어야 카드를 만들 수 있습니다.

(1) 한 달쯤 병원에 다니다 / 낫다

얼마나 치료를 받아야 합니까?

(2) 표를 미리 예매하다 / 보다

이 콘서트에 가 보고 싶어요.

(3) 안개가 걷히다 / 비행기가 뜨다

언제쯤 비행기가 뜰 수 있을까요?

(4) 아니요, 회원 가입을 하다 / 사다

인터넷으로 누구나 기차표를 살 수 있어요?

(5) 월말쯤 되다 / 알다

이 빌딩 공사를 어느 회사가 하게 되었습니까?

단어 生词
□ 외투 外套，大衣　□ 옷걸이 衣架　□ 재료 材料，原料　□ 딸기 草莓　□ 잼 果酱
□ 대학 병원 大学医院　□ 진찰 诊察　□ 술잔 酒杯　□ 깨지다 打碎　□ 환절기 换季期
□ 서두르다 快干，抓紧做　□ 메모 便条，备忘录　□ 낫다 好，痊愈　□ 치료 治疗
□ (안개가) 걷히다 (雾) 散了　□ (비행기가) 뜨다 (飞机) 起飞　□ 월말 月末
□ 빌딩 大厦，高楼

한국 문화 엿보기 了解韩国文化

韩国的健康保险

健康保险是一种为了提高国民健康而实施的社会保障制度。国民每月支付保险费，这些保险费逐渐累积，在发生疾病需要治疗时，由健康保险支付部分诊疗费。

不仅是韩国人，在韩国长期居留的外国人也可以加入韩国的健康保险。外国人登陆后，如果持有国内居留资格，就可以加入健康保险。加入后，从医院诊疗到健康检查都可以得到优惠。入境后居留3个月以上时，可以获得资格。如果是住院，费用的80%由健康保险支付，如果是门诊，50%~80%由健康保险支付（根据医院种类不同而不同）。

활동

건강 상담

준비물 : '증세' 카드(빨간색), '처방' 카드(파란색)

방　법 : 2명이 짝이 되어 한 명은 빨간색 카드를 다른 한 명은 파란색 카드를 고릅니다. 빨간색 카드를 가진 사람이 증세를 말하면 그것에 맞는 파란색 카드를 가진 사람이 처방을 말합니다.

准备物品：“症状”卡片（红色），“处方”卡片（蓝色）

方法　　：2人一组，一人选择红色卡片，另一人选择蓝色卡片，持有红色卡片的人说出症状后，持有与之相对应的蓝色卡片的人说出处方。

저는 가끔 속이 답답하고 소화가 안 돼요. 또 회식할 때 과식을 하게 되는데 그런 다음날은 소화가 더 안 돼서 아주 죽겠어요.

이가 1개 썩었고 잇몸에서 피도 나요. 이가 약해 가지고 치과에도 자주 다녀요.

얼굴에 뭐가 나서 빨개지고 열도 나요. 약국에서 약을 사서 발랐는데도 낫지 않아요.

아침에 출근하면 하루 종일 컴퓨터로 일을 해요. 일이 끝나고 나서 집에 가면 어깨도 아프고 몸도 무거워 죽겠어요.

밤마다 잠이 안 와서 침대에 누웠다가 일어났다가 하고 집안에서 왔다 갔다 하기도 하지만 잠들기가 쉽지 않아요.

눈길을 걷다가 넘어져서 다리를 다쳤어요. 처음에는 괜찮았는데 점점 아파요.

몸이 약해 가지고 감기에 잘 걸려요. 감기에 걸리면 잘 낫지도 않아요. 지금도 목이 부었고 기침도 많이 나요.

| 얼굴에 난 것을 손으로 만지지 마세요. 화장을 하지 마세요. 기름기가 많은 음식을 먹지 마세요. | 맵고 짠 음식을 먹지 마세요. 한 번에 조금씩 드세요. 술은 마시지 않는 게 좋아요. |

| 뜨거운 타월로 아픈 데를 마사지 해 보세요. 계속 아프면 병원에 가서 X-ray를 찍거나 침을 맞아 보세요. | 썩은 이와 잇몸 치료를 받으세요. 하루 3번 식후에 꼭 이를 닦으세요. 아프지 않아도 6개월에 한 번 병원에 가서 검사를 받으세요. |

| 몸을 따뜻하게 하고 푹 쉬세요. 비타민이 많은 주스나 과일을 많이 드세요. 생강차를 마시는 것도 좋아요. | 조용한 음악을 들어 보세요. 자기 전에 따뜻한 우유를 한 잔 마셔 보세요. |

| 컴퓨터를 하다가 한 시간에 한 번은 쉬면서 간단한 체조를 하세요. 어깨와 눈 운동을 해 주세요. 일주일에 두 번 이상은 운동을 하세요. |

* 이 처방 외에 할 수 있는 것이 있으면 말해 보십시오.

* 여러분은 최근에 아픈 적이 있었습니까? 이야기해 보십시오.

제13과 안개가 껴서 잘 볼 수가 없네요

이 대리 : 안개가 껴서 앞을 잘 볼 수가 없네요.

수 지 : 이런 날에는 위험하니까 조심하세요.

이 대리 : 도로에 차는 없는 편인데 운전하기가 힘들군요.

수 지 : 그런데 비행기가 제시간에 출발할 수 있을까요? 지난번에는 눈 때문에 공항에서 3시간이나 기다린 적이 있었는데.

이 대리 : 3시간이나 기다렸다고요? 오늘도 걱정이네요. 늦으면 안 되는데…….

수 지 : 다행히 중요한 일정은 오후에 있으니까 그때까지는 도착할 수 있을 거예요.

● 단어   生词

- 안개가 끼다 起雾，云雾笼罩
- 제시간에 原定时间
- 일정 日程，行程
- 위험하다 危险
- 출발하다 出发
- 도착하다 到达
- 도로 道路
- 늦다 晚，迟到

李代理： 起雾了，前面的路都看不清了。
秀　智： 这种天气很危险，小心。
李代理： 路上倒是没什么车，可开起来挺困难的。
秀　智： 但是飞机能按时起飞吗？上次因为下雪在机场足足等了3个小时。
李代理： 等了3个小时？今天也很让人担心啊。晚点可不行啊。
秀　智： 幸亏重要的行程都在下午，那时应该能到。

1 -(으)ㄴ 편이다

→ '편'是不完全名词，表示对某种事物分别从不同的角度考虑时其中的一个方面。与动词或形容词的定语形词尾'-(으)ㄴ/는'连用时，表示大体上属于某一种类。

보기　저는 영화를 자주 보는 편입니다.   我算是经常看电影。

우리 아이는 다른 친구들에 비해서 키가 큰 편이 아닙니다.
我家孩子跟别的孩子比起来个子并不算高。

이 회사는 월급이 많은 편이지만 일이 많아요.
这家公司的工资虽然算是比较多，但工作多。

2 - 때문에

→ 用于名词后，表示前者是后者出现的原因或理由。

> 보기
> 날씨 때문에 여행 계획을 취소했습니다. 因为天气，旅行计划取消了。
>
> 자동차 소리 때문에 문을 열어 놓으면 시끄럽습니다.
> 因为汽车的噪音，开着门的话太吵了。
>
> 오후에 마신 커피 때문에 잠이 오지 않는 것 같아요.
> 因为下午喝了咖啡，所以睡不着。

3 -다고요?

→ 间接引语的引用文 '-다고' 和非格式体终结词尾 '요' 的结合体。表示确认对方的话, 反问, 或说话者对自己所说的话再次强调。根据被引用文的句式，可以使用间接引语的多种形态。

> 보기
> 뭐라고요? 벌써 매진되었다고요? 你说什么? 已经都卖完了?
>
> 일요일에도 출근을 해야 한다고요? 你说星期日还得上班?
>
> 주말에 같이 등산 가자고요. 我说周末一起去爬山吧。

句型练习

1

보기

담배를 많이 피우다

담배를 많이 피우는 편입니다.

(1) 이 동네 집값이 비싸다   (2) 금년 겨울이 춥지 않다

(3) 오늘은 손님이 별로 없다   (4) 책을 많이 읽다

(5) 외식을 자주 하지 않다

2

네, 운동을 좋아하다

가: 주말마다 운동을 하세요?
나: 네, 운동을 좋아하는 편이에요.

(1) 친절하시다
하숙집 아주머니가 어떠세요?

(2) 이번 주가 좀 한가하다
언제 시간이 있으세요?

(3) 아니요, 별로 빠르지 않다
선생님이 말을 빨리 하시나요?

(4) 다 열심히 공부하다
그 반 학생들이 어때요?

(5) 지난번보다는 잘 봤다
오늘 시험을 잘 보셨어요?

3

아이들 교육

가: 왜 이사를 하려고 합니까?
나: 아이들 교육 때문에 이사를 하려고 합니다.

(1) 감기

어제 왜 학교에 오지 않았어요?

(2) 한국 드라마

왜 한국말을 공부하게 됐어요?

(3) 회사일

왜 여행 계획을 연기했습니까?

(4) 꽃가루 알레르기

왜 봄을 안 좋아하세요?

(5) 네, 충치

치과에 갔다 오셨어요?

4

보기

가 : 제가 다음 달에 결혼을 해요.
나 : 다음 달에 결혼을 한다고요?

(1) 그 사람 말이 사실이 아니에요.
(2) 날마다 5시에 일어나요.
(3) 그 가수하고 사진도 찍었어요.
(4) 보고서 다 썼어요?
(5) 여기에 있는 단어들을 다 외워 오세요.

단어 生词　□꽃가루 花粉　□알레르기 过敏性反应　□충치 虫牙　□치과 牙科　□외우다 背诵

읽기

여름에 삼계탕, 겨울에 냉면

한 부장 : 오늘 복날인데 다 같이 삼계탕이나 먹으러 갑시다.
수　 지 : 그런데 부장님 복날이 무슨 날인가요?
한 부장 : 여름 중 가장 더운 날을 복이라고 하는데 초복, 중복, 말복 이렇게 복날이 여름에 3번 있어요.
수　 지 : 그럼 언제가 복날인지 어떻게 알아요?
한 부장 : 달력에 있고 방송에서도 복날 이야기를 많이 하니까 쉽게 알 수 있어요.

수　 지 : 그런데 복날에 왜 삼계탕을 먹나요? 날씨는 더워 죽겠는데 뜨거운 삼계탕을 먹는 게 좀 이상한 것 같아서요.
한 부장 : 더운 날씨에 뜨거운 음식을 먹게 되면 땀이 나면서 몸이 시원해진다고 생각하는 거예요.
수　 지 : 뜨거운 걸 먹으면서 시원하다고 생각한다고요? 재미있네요.
한 부장 : 그럼 수지 씨, 냉면이 어떤 계절에 먹는 음식이라고 생각해요?
수　 지 : 저는 더운 여름에 자주 먹는데요.
한 부장 : 요즘은 계절에 관계없이 냉면을 먹지만 원래 냉면이 겨울 음식인 것을 아세요?
수　 지 : 냉면이 겨울 음식이라고요? 처음 듣는 얘긴데요.
더울 때 뜨거운 음식을 먹고 추울 때 차가운 음식을 먹고 저는 좀 이해하기가 힘드네요.
한 부장 : 수지 씨가 오늘 점심에 삼계탕을 드셔 보시고 그런지 안 그런지 직접 느껴보세요.

1   복날은 어떤 날입니까? 여름에 몇 번 있습니까?

2   수지 씨가 이해하기 힘든 한국 음식 문화는 무엇입니까?

3   여러분 나라의 계절 음식에 대해서 이야기 해 보십시오.

> **단어 生词**
>
> - 삼계탕 参鸡汤
> - 초복 初伏
> - 쓰이다 被用来
> - 차갑다 凉
> - 냉면 冷面
> - 중복 中伏
> - 땀이 나다 出汗
> - 반대로 相反
> - 복날 伏天
> - 말복 末伏
> - 원래 原来

한국 문화 엿보기　了解韩国文化

韩国的气候

韩国在地理上位于温带气候带，四季比较分明。

冬季受大陆高气压影响，寒冷干燥；夏季受北太平洋高气压影响，天气炎热。春季和秋季受移动性高气压影响，晴朗干燥。

随着季节变化，风向也明显不同。春季和夏季西南风较强，冬季西北风较强。9月和10月风力较弱。年均气温为7~16℃，最炎热的月份为8月，气温为23~26℃。最寒冷的月份为1月，气温为-7~6℃。韩国的年均降雨量为1,300mm，与世界平均降雨量750mm相比，属于多雨地带。年降雨量的2/3集中在6-9月份。沿海地区和济州岛（1,400-1,800mm）降雨较多，庆北地区（1,000-1,200mm）降雨最少。雨季从6月下旬开始，大概30天左右。7-9月会连续受到2-3次台风影响。

从历年韩国的气温来看，最热的城市为庆尚北道的大邱，降雪最多的地区为郁陵岛和江原道山区。

제14과 오늘이 제일 춥다면서요?

🔊 14-01

수　지: 날씨가 추워서 옷을 많이 입었는데도 떨려요.

이 대리: 오늘이 제일 춥다면서요?

수　지: 네, 영하 15도래요. 게다가 어저께 내린 눈까지 얼어서 걸어 다니기가 여간 힘들지 않아요.

이 대리: 그래서 그런지 길에 다니는 사람들도 별로 없어요.

수　지: 전에 한국 겨울 날씨는 삼한사온이라 들었는데 잘 안 맞는 것 같아요.

이 대리: 그래도 신문을 보니까 주말쯤엔 날씨가 좀 풀려서 기온이 영상으로 올라갈 거래요.

◉ 단어　生词

- 떨리다 颤抖, 发抖
- 게다가 加上, 加之
- 여간 (不)普通, (不)一般
- 다니다 去, 来往
- 날씨가 풀리다 天气回暖
- 영하 零下
- 어저께 昨天
- 그래서 그런지 所以
- 삼한사온 三寒四温
- 영상 零上
- -도 度
- 얼다 结冰, 冻冰
- 맞다 对, 正确

秀　智： 天气真冷，穿了很多衣服还是有点儿发抖。
李代理： 听说今天最冷？
秀　智： 是的，说是零下15度。再加上昨天下的雪已经结冰了，走路都很困难啊。
李代理： 啊，所以路上的行人都不多。
秀　智： 从前不是有韩国冬天天气三寒四温的说法嘛，现在看来这话也不准确了啊。
李代理： 看报纸上说这周末天气会有所缓和，气温会回升到零上的。

语法

1 -다면서요?

→ 间接引语 '-다고 하다' 和表示状况或动作同时性的 '-(으)면서' (参考初级2第1课语法)，以及 '요' 的结合体的缩写形式。终结词尾，用于形容词词干后，表示对已知事实的确认。根据引用文的句式，可以使用间接引语的多种形态。

보기　아버님이 유명한 국회의원이라면서요? 听说你父亲是有名的国会议员？
　　　내일 출장을 가신다면서요? 바쁘시겠네요. 听说你明天要出差？会很忙吧。
　　　교통사고가 났다면서요? 괜찮으세요? 听说你出了交通事故？没事吧？

제14과　오늘이 제일 춥다면서요?

2 그래서 그런지

➡ 是 '그래서 그렇다' 和 '-(으)ㄴ지' （参考中级1第4课语法）的结合体。表示推测前面的状态或动作是后面状态或动作产生的原因。连接两个句子时，用 '-아/어서 그런지'。

> 보기
>
> 가 : 은미 씨에게 남자 친구가 생겼대요.　听说恩美有男朋友了。
>
> 나 : 그래서 그런지 예뻐진 것 같아요.　难怪好像变漂亮了。
>
> 가 : 이 식당 주방장이 전에 큰 호텔 요리사였대요.
> 　　听说这家餐厅的厨师长以前是大酒店的厨师呢。
>
> 나 : 그래서 그런지 작은 식당이지만 음식이 맛있는 것 같아요.
> 　　怪不得，餐厅虽然小，但是菜的味道都不错。
>
> 우리 아이가 사춘기여서 그런지 요즘 통 말을 안 들어요.
> 我家孩子可能是到了青春期，最近一点儿都不听话。

3 -(이)라는

➡ 是引用名词时使用的间接引语 '-(이)라고 하다' 和动词现在式定语形词尾 '-는' 的结合体。即 '-(이)라고 하는' 的缩写形式。用于表示修饰特定的"叫什么、称为什么"的名词。

> 보기
>
> 조금 전에 '서지현'이라는 분한테서 전화가 왔었어요.
> 刚刚有一位叫"徐志贤"的人来电话了。
>
> 부산 근처에 '거제도'라는 섬이 있는데 거기가 제 고향입니다.
> 釜山附近有一座叫"巨济岛"的岛，那里就是我的故乡。
>
> 한국 사람들은 추석에 송편이라는 떡을 먹어요.
> 韩国人过中秋节时，吃一种叫做松饼的黏糕。

1

영수 씨 고향이 전주이다

영수 씨 고향이 전주라면서요?

(1) 태호 씨 취미가 바둑이다
(2) 한국 미술에 관심이 많으시다
(3) 이번 달 말에 일본으로 돌아가시다
(4) 이 과장님이 부장으로 승진하셨다
(5) 이번 금요일부터 다시 추워질 거다

2

황사가 있다 / 목이 아파요.

황사가 있어서 그런지 목이 아파요.

(1) 방학이다 / 학교 앞에 사람이 별로 없어요.

(2) 바쁘다 / 메시지를 보내도 답장이 없어요.

(3) 아이가 혼자 크다 / 친구들과 잘 어울리지 못해요.

제14과 오늘이 제일 춥다면서요?

(4) 주말 동안 푹 쉬다 / 감기가 나았어요.

(5) 서울에 오래 살다 / 여기가 고향 같아요.

3

살이 좀 빠지신 것 같아요.

가 : 날씨가 너무 더우니까 힘들어요.
나 : 그래서 그런지 살이 좀 빠지신 것 같아요.

(1) 백화점 근처가 복잡하군요.

지난주 금요일부터 백화점 세일이 시작됐어요.

(2) 습기가 참 많네요.

내일 비가 많이 온대요.

(3) 창민 씨가 기운이 없는 것 같아요.

창민 씨 아버님이 병원에 입원을 하셨대요.

(4) 민영 씨도 운동을 아주 잘해요.

민영 씨 부모님이 두 분 다 운동선수였대요.

(5) 발음이 좋아지셨어요.

하루에 30분 정도 발음 연습을 하고 있어요.

4

보기

갈비찜 / 한국 음식을 만들었어요.

가: 어제는 요리학원에서 뭘 만드셨어요?
나: 갈비찜이라는 한국 음식을 만들었어요.

(1) 대추차 / 한국 차를 마셨어요.

전통찻집에서 뭘 마셨어요?

(2) 백두산 / 산이 제일 높아요.

한국에서는 어느 산이 제일 높아요?

(3) 친구 가족들하고 윷놀이 / 한국 전통놀이를 했어요.

친구 집에서 뭘 하셨어요?

(4) 불국사 / 절이 유명해요.

경주에서 유명한 데가 어디예요?

(5) 지하철역 2번 출구 근처에 행복문고 / 서점이 있어요.

이 근처에 서점이 어디에 있어요?

단어 生词
- 바둑 围棋
- 미술 美术
- 답장 回信, 回复
- (살이) 빠지다 掉(肉), 瘦
- 세일 降价, 减价
- 습기 湿气, 潮气
- 운동선수 运动选手
- 갈비찜 菜名
- 대추차 大枣茶
- 전통찻집 传统茶屋
- 백두산 白头山
- 전통놀이 传统游戏
- 불국사 佛国寺
- 절 寺庙

1   듣고 맞는 그림을 고르십시오.
    听录音并选出正确的图片。

2   듣고 내용과 맞는 것을 고르십시오.
    选出与所听内容相符的选项。

    ① 오전 날씨가 맑습니다.   ② 지금은 겨울입니다.
    ③ 오늘 최저기온이 영상입니다.   ④ 밤에는 비가 온다고 합니다.

3   듣고 내용과 관계없는 것을 고르십시오.
    选择与所听内容无关的选项。

    ① 날씨를 알고 싶어 하는 이유   ② 요즘 일기예보에서 말하는 내용
    ③ 날씨 때문에 고생한 이야기   ④ 날씨와 우리 생활과의 관계

일기예보 天气预报

맑다	흐리다	개다	최고 기온

최저 기온	해가 뜨다	해가 지다	영상

영하	습도	고기압	저기압

폭우	폭설	홍수가 나다	가뭄이 들다

장마	태풍이 오다	황사가 오다	무지개가 뜨다

제15과 우산을 써도 소용없었어요

거래처 직원: 옷이 많이 젖었군요. 이거로 좀 닦으세요.
이 대리 : 바람이 하도 불어서 우산을 써도 소용없었어요.
거래처 직원: 갑자기 비가 쏟아져서 비를 맞은 사람들이 많았을 것 같아요.
이 대리 : 소나기는 금방 그치니까 근처 커피숍 같은 데에 들어가서 비를 피하는 사람들도 있었어요.
거래처 직원: 그것도 괜찮은 방법이에요. 벌써 다 갰으니까요.
이 대리 : 잠깐 왔을 뿐인데 날씨도 시원해지고 길도 깨끗해졌네요.

◉ 단어   生词

- 젖다 浸湿, 淋湿
- 소용없다 没用
- 비를 맞다 淋雨
- 피하다 躲避, 避开
- 하도 很, 太, 非常
- 비가 쏟아지다 大雨倾盆
- 소나기 雷阵雨, 骤雨
- 개다 晴
- 바람이 불다 刮风
- 그치다 停

交易处职员：	衣服都湿了呀。请用这个擦吧。
李代理 ：	风刮得太大了，打了伞也没什么用。
交易处职员：	突然下起了大雨，应该有很多人都淋湿了。
李代理 ：	雷阵雨马上就能停，所以也有不少人进了附近的咖啡店避雨。
交易处职员：	那也是不错的办法。天已经晴了。
李代理 ：	就下了一会儿，现在天气也变凉爽了，街道也变干净了啊。

 语法

1 -았/었을 것 같다

→ 用于谓词词干后，表示对过去或已经完成的状态的推测。

보기 그 사람은 머리가 좋아서 학교 다닐 때 공부를 잘했을 것 같아요.
那个人很聪明，以前上学的时候学习应该很好。

출발한 지 1시간이 지났으니까 지금쯤이면 집에 도착했을 것 같아요.
已经出发一个多小时了，这个时候应该已经到家了。

김 과장님이 퇴근했을 것 같은데 내일 연락합시다.
金科长应该已经下班了，明天再联系吧。

제15과   우산을 써도 소용없었어요

2 -같은

→ 为了解释说明后面出现的名词，前面用一个所属于该名词下的具体事物举例。

> **보기** 피아노나 바이올린 같은 악기를 다룰 줄 알아요?
> 会演奏像钢琴或小提琴之类的乐器吗?
>
> 건강하게 살려면 보리나 콩 같은 잡곡을 많이 먹어야 해요.
> 如果想要活得健康，应该多吃大麦或大豆这类的杂粮。
>
> 저는 수학이나 과학 같은 과목을 별로 좋아하지 않습니다.
> 我不太喜欢数学或科学这类的科目。

3 -(으)ㄹ 뿐이다

→ '뿐' 表示"只有"的意思。用在表示将来时的定语形词尾'-(으)ㄹ'后面时，表示限定，相当于"只有""只是"。

> **보기** 남자 친구가 아니라 그냥 친구일 뿐이에요.
> 不是男朋友，只是普通朋友而已。
>
> 요리책에서 본 대로 만들었을 뿐입니다.
> 只是按照料理书上的方法做的而已。
>
> 조금 어지러울 뿐이니까 너무 걱정하지 마세요.
> 只是有点头晕，不要太担心。

 句型练习

1

보기: 한 달 전에 연락해서 약속을 잊어버리다
→ 한 달 전에 연락해서 약속을 잊어버렸을 것 같아요.

(1) 연휴라서 호텔 예약이 끝나다

(2) 여행을 좋아하는 사람이라서 부산에 가 보다

(3) 2시가 넘었으니까 점심 식사를 하다
(4) 요즘 인기 있는 영화여서 벌써 보다
(5) 그 친구는 성실해서 어디에서든지 성공하다

2

보기

벌써 사다

가 : 좋아하는 가수의 새 시디를 선물로 사 주는 게 어때요?
나 : 벌써 샀을 것 같아요.

(1) 외출하다
주말인데 민수 씨가 집에 있을까요?

(2) 밤 10시가 넘었으니까 닫다
학교 앞의 문방구가 지금 문을 열었을까요?

(3) 네, 많이 달라지다
고향에 가 본 지 오래 됐나요?

(4) 잘 모르지만 안 하다
김철호 씨 결혼하셨어요?

(5) 맞아요. 비가 왔으면 고생하다
오늘 날씨가 좋아서 야유회가 더 재미있었어요.

3

보기

과일이나 빵 / 것

가: 친구 집에 갈 때 뭘 사 가요?
나: 과일이나 빵 같은 것을 사 가요.

(1) 부모님 생신이나 명절 / 날

언제 가족들이 다 모이나요?

(2) 텔레비전이나 컴퓨터 / 전자 제품

5층에서는 뭘 팔아요?

(3) 친구나 가족 / 가까운 사람

어려운 문제가 생기면 누구에게 이야기하세요?

(4) 교사나 공무원 / 직업이 인기가 있어요.

요즘 학생들에게 인기 있는 직업이 뭐예요?

(5) 우리 하숙집 / 데를 찾기가 어려울 것 같아서요.

집이 먼데도 왜 이사를 안 하세요?

4 보기

관심이 있어서 책을 조금 읽었다

가 : 한국 역사에 대해서 많이 아시는 것 같아요.
나 : 관심이 있어서 책을 조금 읽었을 뿐이에요.

(1) 제가 할 일을 했다

이렇게 우리 아이를 찾아 주셔서 정말 감사드립니다.

(2) 아니요, 모임에서 한 번 만났다

신 선생님하고 친하세요?

(3) 아니요, 맥주 한 잔 마셨다

어제 친구하고 술을 많이 마셨어요?

(4) 아니요, 학원에서 5개월 정도 배웠다

한국말을 잘하시는데, 1년 이상 공부하셨죠?

(5) 언제나 최선을 다하다

금년에도 자동차 판매를 제일 많이 하셨는데, 어떻게 하면 그럴 수 있습니까?

단어 生词
- 넘다 超过
- 성실하다 诚实
- 모이다 聚合, 聚集
- 전자 제품 电子产品
- 직업 职业
- 이상 以上
- 최선을 다하다 尽最大努力, 竭诚
- 판매하다 贩卖, 销售

어떤 날씨가 좋을 것 같아요?

준비물 : 상황 카드
방 법 : 상황 카드를 한 장 고릅니다. 다른 사람들과 보기 와 같이 대화해 봅시다.
         여러 사람에게 물어보고 발표도 해 봅시다.

准备物品 : 情景卡片
方法   : 挑选一张情景卡片，与其他同学一起，参照 보기 做对话。
           向多名同学提问后发言。

> 보기
>
> 가 : 전망이 좋은 카페에서 커피를 마실 때 어떤 날씨가 좋을 것 같아요?
>   이유는요?
> 나 : 저는 비가 오거나 흐린 날씨가 좋을 것 같아요.
>   커피 향기와 어울리고 분위기도 좋을 것 같으니까요.

사랑하는 사람하고 같이 걸을 때

집에서 혼자 쉬고 싶을 때

결혼식 하는 날

병원에 입원해 있을 때

등산을 갈 때

무서운 영화를 볼 때

해야 할 일이 많을 때

전망이 좋은 카페에서 커피를 마실 때

이불을 세탁할 때

삼겹살과 소주를 먹고 싶을 때

해안도로를 드라이브하고 싶을 때

낚시를 할 때

사랑하는 사람하고 같이 걸을 때 어떤 날씨가 좋을 것 같아요? 이유는요?	
_____ 씨	
_____ 씨	
_____ 씨	

제15과   우산을 써도 소용없었어요

제16과 수업 신청을 하려고 하는데요

16-01

한 지 원 : 가나다한국어학원이죠? 외국인 친구 대신 신청을 하려고 하는데, 어떻게 하면 돼요?

학원 직원 : 마감일이 이번 수요일이니까 그때까지 신청서를 쓰시고 수업료를 내시면 됩니다.

한 지 원 : 한국말을 전혀 모르는 사람도 공부할 수 있나요?

학원 직원 : 그럼요, 초급반에서 하시면 됩니다. 분반시험은 안 봐도 되고요.

한 지 원 : 한 반에 학생은 몇 명쯤이에요?

학원 직원 : 그건 반에 따라서 조금 다릅니다만 보통 7명에서 10명 정도예요.

◉ 단어　生词

□ 신청 申请　　　　□ 마감일 截止日期　　　□ 수업료 学费
□ 전혀 完全, 全部　　□ 초급 初级　　　　　□ 분반시험 分班考试
□ 정도 程度

韩智媛　　：　是가나다韩国语学院吧？ 我想替我的外国朋友报名，要怎么做呢？
学院职员　：　截止日期是本周三，在那之前递交申请书，交学费就可以了。
韩智媛　　：　完全不会韩语的人也可以吗？
学院职员　：　当然了，上初级班就可以。而且可以不用参加分班考试。
韩智媛　　：　一个班大概有多少名学生？
学院职员　：　这个根据班级不同稍有差异，一般是7到10个人。

1 - 대신에

→ 用于名词或谓语的定语形词尾 '-(으)ㄴ/는' 后，表示以此代替、替换、补偿。助词 '에' 一般也可以省略。

보기　부모님 생신 때 보통 선물 대신 돈을 드려요.
　　　父母过生日时，一般送钱代替礼物。

　　　설거지를 하는 대신에 청소를 했습니다.　我打扫了房间，没洗碗。

　　　이 방은 전망이 좋은 대신에 요금이 비쌉니다.
　　　这个房间的视线很好，但是费用比较贵。

2 -(으)면 되다

→ 用于谓词词干后，表示在这一条件下可行或没有多大问题。

보기
우리 아이는 밥을 먹을 때 국만 있으면 돼요.
我家孩子吃饭时，只要有汤就行。

모르는 것이 있는데 누구한테 물어보면 돼요?
我有一些问题，问谁为好？

고장이 났을 때 이 번호로 전화하시면 됩니다.
出故障时，打这个电话就可以了。

3 -에 따라

→ 表示根据某一事实或立场。

보기
날씨에 따라 일정이 변경될 수도 있습니다.
根据天气情况，日程有可能发生变化。

학생들의 수준에 따라 반을 나누어서 가르쳐요.
根据学生的水平而分班授课。

환전할 때 그날 환율에 따라 금액이 달라져요.
换钱时，根据当天的汇率金额有所不同。

句型练习

1

16-02

어머니 / 집안일을 합니다.

어머니 대신 집안일을 합니다.

이 서류에 도장을 찍다 / 서명을 해도 돼요.

이 서류에 도장을 찍는 대신 서명을 해도 돼요.

(1) 물건 값을 현금 / 카드로 계산해도 돼요?

(2) 눈이 아파서 렌즈 / 안경을 꼈어요.

(3) 이번 여행은 미국 / 캐나다에 가기로 했어요.

(4) 부모님께 편지를 쓰다 / 전화를 자주 하는 편입니다.

(5) 우리 회사는 월급이 많다 / 일이 힘들어요.

2

보기

그럼, 춤을 추세요.

가: 저는 노래를 정말 못해요.
나: 그럼, 노래 대신 춤을 추세요.

(1) 그럼, 보고서를 내세요.

시험을 보지 못할 것 같은데요.

(2) 그럼, 테이프로 붙이세요.

풀이 없는데 문방구에서 사 올까요?

(3) 학교에서 멀어요.

하숙집이 싸서 좋겠네요.

(4) 관리비가 많이 나와요.

아파트가 아주 넓군요.

(5) 그럼, 제 부탁을 들어주세요.

이 수학 문제가 어려운데 도와 줄 수 있어요?

3

카드 회사에 전화하다

가: 신용카드를 잃어버렸는데 어떻게 해요?
나: 카드 회사에 전화하면 돼요.

(1) 네, 충전하다

이 건전지를 다시 사용할 수 있어요?

(2) 그럼 스마트폰으로 사진을 찍어서 보내다

우리 집에는 팩스가 없는데요.

(3) 이 설명서대로 하다

새로 나온 세탁기를 어떻게 작동해요?

(4) 회사까지 교통이 편리하다

집을 구할 때 무엇이 제일 중요해요?

(5) 성격 좋고 저만 사랑해 주다

어떤 남자 친구를 사귀고 싶어요?

4.

보기

계절

가 : 한국 날씨는 어때요?
나 : 계절에 따라 달라요.

(1) 거리

지하철 요금이 얼마예요?

(2) 지방

한국 김치 맛은 다 똑같아요?

(3) 그날 기분

저분은 항상 사람들에게 친절한가요?

(4) 크기와 지역

이사하려고 하는데 아파트 값이 얼마나 해요?

(5) 경우

거짓말하는 것은 나쁘죠?

단어 生词
- 휴일 休息日
- (도장을) 찍다 盖 (章)
- 현금 现金
- 캐나다 加拿大
- 춤을 추다 跳舞
- 테이프 胶带
- 풀 糨糊, 胶水
- 관리비 管理费
- (부탁을) 들어주다 答应 (请求)
- 스마트폰 智能手机
- 성격 性格
- 거리 距离
- 지방 地方
- 크기 大小
- 지역 地区, 地域

제16과 수업 신청을 하려고 하는데요

졸업생 답사

3년 전 한솔고등학교에 입학한 한 학생이 있었습니다. 엄하신 담임선생님과 짧은 머리의 반 친구들을 만나서 처음 고등학교 생활을 시작하게 됐습니다. 학교에서 문제가 생길 때마다 학교 다니기 싫다고 부모님과 선생님을 힘들게 한 그 학생은 지금 졸업을 앞두고 이 자리에 서 있습니다.

졸업이라는 것에 대해서 저는 특별한 느낌이 없었습니다. 영원히 오지 않을 것 같은 시간이었기 때문입니다. 하지만 한솔고등학교의 교복을 입고 우리 모두가 모이는 마지막 날이 됐습니다. 이제는 3년간 공부한 교실, 다정한 선생님 그리고 친구들과 헤어져야 합니다.

3년 동안 많은 것을 가르쳐 주신 선생님, 늘 저희를 사랑해 주신 부모님! 감사드립니다. 선생님과 부모님이 계셔서 지금 저희가 이 자리에 있다고 생각합니다.

후배 여러분! 저희는 이제 학교를 떠나지만 저희 대신에 후배 여러분이 우리 학교를 더 좋은 학교로 만들어 주십시오. 선배보다 더 멋진 후배가 되어 주십시오.

이제 저희는 졸업을 하고 새로운 출발을 하게 됩니다. 서로 다른 곳에서 지내게 되겠지만 저희는 한솔고등학교를 잊지 못할 것입니다. 이곳에서 보낸 3년이 저희 인생에 다시는 찾아오지 않을 행복한 시간이었기 때문입니다. 감사합니다.

졸업생 대표 정민준

1 윗글의 내용과 다른 것을 모두 고르십시오.

① 졸업하는 학생이 선생님, 부모님, 후배들에게 쓴 글입니다.
② 졸업을 하지만 다음에 새로운 출발이 기다리고 있습니다.
③ 고등학교에 다니는 동안 문제가 한 번도 생기지 않았습니다.
④ 고등학교 생활 3년은 이 사람에게 매우 행복한 시간이었습니다.
⑤ 이제 교복을 입지 않아도 되니까 좋습니다.

2 윗글의 느낌으로 적당하지 않은 것은 무엇입니까?

① 감사하다　　② 슬프다　　③ 놀라다　　④ 섭섭하다

3 한국말 공부가 끝난 후 선생님이나 후배에게 하고 싶은 이야기를 써 보십시오.

단어 生词

- 졸업생 毕业生
- 엄하다 严厉, 严格
- 영원히 永远
- 멋지다 漂亮, 优秀
- 답사 答词
- 담임(선생님) 班主任
- 교복 校服
- 서로 互相
- 입학하다 入学
- 앞두다 面临, 在……之前
- 다정하다 亲切
- 대표 代表

발음규칙　发音规则

颚化

收音 'ㄷ, ㅌ' 后面接元音 'ㅣ' 时, 'ㄷ, ㅌ' 的发音变为 'ㅈ, ㅊ'。其它情况下发音不变。

① 맏이[마지]　　굳이[구지]　　해돋이[해도지]
　 닫히다[다치다]　묻힌[무친]　　걷혀서[거쳐서]

② 같이[가치]　　끝이에요[끄치에요]　밑입니다[미침니다]
　 햇볕이[핻뼈치]　낱낱이[낟나치] → [난나치]　붙여서[부쳐서]

✿ 맏아들[마다들]　묻어요[무더요]　같은[가튼]　끝에[끄테]

제16과　수업 신청을 하려고 하는데요

제17과 오늘 시험 어땠어?

류 징 : 오늘 시험 어땠어?

바 투 : 나는 말하기가 문제야. 오늘도 역시 말하기 시험을 잘 못 봤어. 제대로 대답한 게 없는 것 같아.

류 징 : 너무 긴장한 거 아니야? 그러면 아는 것도 생각이 안 나.

바 투 : 맞아. 공부할 때는 다 이해했는데 실제로 말을 하려고 하면 잘 안 돼. 너는 잘 봤지?

류 징 : 잘 봤다니? 열심히 공부를 하는데도 중국말하고 문법이 많이 달라서 그런지 항상 쓰기가 어려워.

바 투 : 어쨌든 시험이 끝나서 마음이 가볍다. 우리 맥주나 한잔하러 가자.

◉ 단어　生词

- 역시　果真
- 실제로　实际
- 항상　经常, 总是
- 생각이 나다　想起, 记起
- 잘 되다　好, 顺利
- 어쨌든　不管怎样
- 이해하다　理解
- 문법　语法
- 마음이 가볍다　心情轻松

柳澄： 今天考得怎么样?
巴图： 我的口语是问题啊。今天果然口语又没考好。好像没有一个问题是回答得让人满意的。
柳澄： 你是不是太紧张了? 如果那样的话会的内容都会想不起来。
巴图： 对啊。我学的时候都理解了, 但一到实际想说的时候就不行。你考得挺好吧?
柳澄： 好什么啊? 我虽然努力学习, 但可能是跟汉语的语法差别太大了, 写作总是觉得很难。
巴图： 不管怎样, 考试结束了心情还是很轻松啊。咱们去喝一杯吧。

1 반말

→ 在谈话中, 如果对方是晚辈或下属, 或者关系非常亲密时, 可以使用非敬语。根据句型的不同有如下变化。

敬语（格式体）	非敬语	
	（가）	（나）
-입니다 -이/가 아닙니다	-(이)다 -이/가 아니다	-(이)야 -이/가 아니야
-(스)ㅂ니다	-다 -(느)ㄴ다	-아/어
-(스)ㅂ니까?	-니?	-아/어?
-(으)ㅂ시다	-자	-아/어
-(으)십시오	-아/어라	-아/어

（가） 是非常降低对方的情况，（나）是普通，一般的降低对方的情况。叫对方的名字时，不叫'-씨'，而是在名字后，有收音时加'-아'，没有收音时加'-야'。'네'，'아니요' 变为'응'，'아니'。

보기 가 : 민석아, 네가 사고 싶은 휴대폰이 이거야?　民石，你想买的手机就是这个吗?
　　　나 : 아니, 내가 사고 싶은 건 그게 아니야.　不是，我想买的不是这个。

　　　가 : 언니, 여기 있던 내 지갑 못 봤어?　姐，我放这儿的钱包你没看见吗?
　　　나 : 컴퓨터 옆에 있는 거 아니니?　电脑旁边那个不是吗?

　　　가 : 재희야, 아프면 병원에 가 봐라.　在熙，难受的话去医院看看吧。
　　　나 : 응, 안 그래도 내일 가 보려고 해.　嗯，我也正打算明天去看看。

2 -다니요?

→ 连接词尾，用间接引语的方式来表达听到意外事情时的吃惊。对称赞、感谢、道歉等表示谦虚或对听见的事情表示怀疑。根据引用文的句式，可以使用间接引语的多种形态。

보기 가 : 정말 고맙습니다.　真是太感谢了。
　　　나 : 별 것도 아닌데 고맙다니요?　不是什么大不了的事，说什么感谢啊?

　　　제가 수석으로 합격했다니요? 믿을 수가 없군요.
　　　您说我以第一名的成绩合格了？ 真是不敢相信。

　　　이 일을 내일까지 끝내라니요?　你说这事儿到明天为止要做完?

유형연습

句型练习

1

보기

오늘이 수요일이다 / 응

가: 오늘이 수요일이니?
나: 응, 오늘이 수요일이야.
　　응, 오늘이 수요일이다.

(1) 여기가 남대문 시장이다 / 응

(2) 여자 친구가 프랑스 사람이다 / 아니

(3) 이번 겨울 방학에 스키장에 갈 거다 / 응

(4) 어제 면세점에서 산 목걸이가 얼마이다 / 25만원

(5) 아까 명동에서 만난 사람이 누구이다 / 고향 후배이다

2

보기

날씨가 따뜻하다 / 응

가: 날씨가 따뜻하니?
나: 응, 날씨가 따뜻해.
　　응, 날씨가 따뜻하다.

(1) 그 코미디 영화가 재미있다 / 아니

(2) 요즘도 헬스클럽에 운동하러 다니다 / 응

(3) 어제 산책 어떻다 / 좀 어렵다

(4) 어떤 음악을 자주 듣다 / 조용한 음악

(5) 어디에서 점심을 먹었다 / 1층에 있는 중국집

3

보기

같이 보드게임 하러 가다

가 : 식사한 후에 뭐 할까?
나 : 같이 보드게임 하러 가자.

아니

가 : 제가 선생님에게 전화할까요?
나 : 아니, 선생님에게 전화하지 마라.

(1) 그래

평일에 바쁘면 주말에 만날까?

(2) 배를 타고 가다

이번에 제주도에 갈 때 어떻게 갈까?

(3) 응

제가 빵과 음료수를 사 올까요?

(4) 짧게 잘라보다

머리 모양을 바꾸고 싶은데 어떻게 할까?

(5) 이 까만 양복을 입다

면접 보러 가는데 어떤 옷을 입을까요?

4

가: 우리 사무실이 다른 건물로 이사를 가요.
나: 우리 사무실이 다른 건물로 이사를 간다니요?

(1) 이 다이아몬드가 가짜예요. (2) 한국말을 잘 못해서 미안해요.
(3) 저 사람을 좋아하세요? (4) 일요일에도 회사에 나와서 일합시다.
(5) 이 서류를 다시 작성하세요.

단어 生词 □스키장 **滑雪场** □면세점 **免税店** □코미디 **喜剧** □헬스클럽 **健身俱乐部**
□보드게임 **棋牌游戏** □음료수 **饮料** □건물 **建筑物** □다이아몬드 **钻石**
□다시 **又, 再次** □작성하다 **制定, 写**

1 듣고 관계가 있는 단어를 보기 에서 골라 쓰십시오. 🔘 17-06
   听后在 보기 中找出相关的单词写下来。

| 보기 | 분반시험   신청마감일   수업료   수업 신청   시험 성적표 |

(1)

(2)

(3)

2 듣고 이어지는 대답을 고르십시오. 🔘 17-07
   听后选择接下来的回答。

(1)
   ① 그러자.   ② 그렇다.   ③ 그러니?   ④ 그래라.

(2)
   ① 책을 읽었다니요?   ② 보고서를 썼다고 해요.
   ③ 보고서라면서요?   ④ 5권이라고요?

(3)

① 선생님도 같이 가셨다면서? ② 선생님에 따라서 달라.

③ 선생님이라니? 학생이야. ④ 선생님이 찍어 주신 거야.

3 무엇에 대한 글입니까?
关于什么的文章?

① 학교 급식의 문제점 ② 도시락의 좋은 점
③ 학교 급식을 하고 나서 달라진 것 ④ 학교 급식에 대한 학생들의 생각

존댓말   敬语

보통 말	존댓말	보통 말	존댓말	보통 말	존댓말
이름	성함	딸	따님	마시다	드시다
나이	연세	밥	진지	있다	계시다
집	댁	술	약주	물어보다	여쭙다
생일	생신	말	말씀	보다, 만나다	뵙다
남편	바깥분	병	병환	찾아보다	찾아뵙다
아내	부인, 사모님	자다	주무시다	아프다	편찮으시다
아들	아드님	먹다	잡수시다	배가 고프다	시장하시다

제17과 오늘 시험 어땠어? 153

제18과 정말 오랜만이다

(동창회에서)

친 구: 정말 오랜만이다. 고등학교 졸업하고 나서 한 번도 못 봤으니까 30년이 넘었네.

한 부장: 너는 많이 안 변했다. 금방 알아볼 수 있었어. 어떻게 지냈어?

친 구: 졸업하고 쭉 회사 생활하다가 몇 년 전부터 작은 사업을 하고 있어. 그런데 오늘 영철이는 안 왔니?

한 부장: 쟤가 영철이야. 몰라보겠지? 젓가락처럼 말랐었는데 배도 나오고.

친 구: 같이 얘기하고 있는 분은 송태진 선생님 아니야? 아직도 학교에 계신다는 말은 들었는데 이제는 많이 늙으셨네.

한 부장: 선생님뿐만 아니라 우리도 많이 변하지 않았어? 가서 인사드리자.

단어　生词

- 동창회 同学会
- 변하다 变, 变化
- 생활하다 生活
- 몰라보다 认不出
- 배가 나오다 出肚子
- 오랜만 许久之后
- 알아보다 了解, 认出
- 사업하다 干事业
- 젓가락 筷子
- 이제 现在, 如今
- 넘다 超过
- 쭉 一口气, 连续地
- 쟤 那家伙
- (몸이) 마르다 干瘦
- 늙다 老

（同学会）

同　学：	真是好久不见了！自从高中毕业后就一次都没见过，已经30多年了。
韩部长：	你没变多少啊。马上就能认出来。过得怎么样？
同　学：	毕业后就一直在公司工作，几年前开始做点小生意。今天英哲没来吗？
韩部长：	那家伙就是英哲啊。认不出来了吧？以前瘦的跟筷子似的，现在肚子都出来了……
同　学：	跟他在一起说话的不是宋太真老师吗？听说还在学校任教呢，老了很多啊。
韩部长：	不光是老师，我们不是也变了很多吗？过去打个招呼吧。

 语法

1 한 -도

→ 与单位名词 '명, 번, 개' 等连用, 表示 "完全" 的意思。后面接否定句式。不能用单位衡量时, 用 '하나로' 代替。

보기　그 의견에 반대하는 사람이 한 명도 없었어요.　持反对意见的人一个都没有。

　　　어젯밤에 잠을 한 숨도 못 잤어요.　昨天晚上一点儿都没睡着。

　　　그 일에 대해서는 하나도 모릅니다.　对那件事一点儿都不知道。

제18과　정말 오랜만이다

2 -처럼

→ 助词。用于名词后，表示比较、相似。相当于汉语的"像……""仿佛……"。

> 보기　그 곳의 경치가 그림처럼 아름다워요.
> 那里的景色像画一样美。
>
> 머리를 이 사람처럼 짧게 자르고 싶은데 괜찮을까요?
> 我想把头发剪得像这个人一样短，可以吗？
>
> 모든 꿈이 물거품처럼 사라졌어요.
> 所有的梦想像泡沫一样消失了。

3 -뿐만 아니라

→ 用于名词或定语形词尾'-(으)ㄹ'后，表示不仅包括前者，还包括后者。

> 보기　그는 가족뿐만 아니라 이웃들에게도 항상 친절합니다.
> 他不仅对家人，对邻居也总是很亲切。
>
> 디자인이 멋있을 뿐만 아니라 색깔도 마음에 들어요.
> 不仅设计漂亮，颜色也很合心意。
>
> 반에서 1등을 했을 뿐만 아니라 장학금도 받아서 기뻐요.
> 不仅在班级里取得了第一名，还得到了奖学金，所以很高兴。

句型练习

1

보기

아니요 / 명

가: 손님이 많이 오셨어요?
나: 아니요, 손님이 한 명도 오지 않았어요.

(1) 아니요 / 잔

어제 저녁 회식할 때 술을 많이 마셨어요?

(2) 아니요 / 번

한복을 입어 본 일이 있어요?

(3) 아니요 / 푼

쇼핑할 때 돈을 많이 썼어요?

(4) 병

냉장고에 오렌지 주스가 몇 병 있어요?

(5) 켤레

발이 아프면 굽이 낮은 구두를 신는 게 어때요?

2

보기

요리사

가: 에이미 씨가 요리를 잘해요?
나: 네, 요리사처럼 잘해요.

(1) 우리 집

하숙집이 편해요?

(2) 영화배우

부장님 사모님이 아주 예쁘다면서요?

(3) 물

미국 사람들은 커피를 많이 마시지요?

(4) 새 것

여기 있는 가구들이 중고품인데도 깨끗하네요.

(5) 농구선수

수잔 씨 남자 친구가 키가 큰가요?

제18과   정말 오랜만이다   157

3

보기

크리스마스카드 / 선물도 받았어요.

크리스마스카드뿐만 아니라 선물도 받았어요.

그 식당은 분위기가 좋다 / 음식도 맛있어요.

그 식당은 분위기가 좋을 뿐만 아니라 음식도 맛있어요.

(1) 제 친구는 공부 / 운동도 잘해요.

(2) 졸업식에 가족들 / 친척들도 다 오신다면서요?

(3) 제 남동생은 성격이 좋다 / 잘생겨서 인기가 있어요.

(4) 매일 비가 오다 / 습도도 높아서 그런지 컨디션이 안 좋아요.

(5) 늦게 출발했다 / 길이 막혀서 제시간에 도착하지 못했어요.

4

보기

재미있다 / 주인공들이 멋있다

가 : 요즘 왜 그 영화가 인기가 있어요?
나 : 재미있을 뿐만 아니라 주인공들이 멋있어서 인기가 있어요.

(1) 아이들 / 아내도 가고 싶어하다

왜 유럽 여행을 하려고 합니까?

(2) 네, 한국 사람 / 외국 사람도 만나야 하다

그 일을 하려면 외국어를 잘해야 해요?

(3) 네, 일을 잘하다 / 아주 성실하다

승우 씨는 다른 사람보다 빨리 승진한 것 같죠?

(4) 네, 물가가 비싸다 / 세금도 많이 내다

도시 생활은 돈이 많이 들죠?

(5) 정원에 나무가 많다 / 인테리어도 멋있다

그 집이 왜 그렇게 마음에 드세요?

단어 生词 　□ 가구 家具　□ 중고품 二手货, 半旧物品　□ 정원 庭院　□ 인테리어 室内装饰

제18과　정말 오랜만이다　159

활동

반말로 말해 봅시다

두 사람이 짝을 이루어 아래 대화를 반말로 말해 봅시다.
2人一组，用非敬语形式进行下列对话。

(1) 인사하기

영수 : 상민 씨, 안녕하세요?
상민 : 네, 안녕하세요? 오랜만이네요. 요즘 어떻게 지내세요?

영수 : 잘 지냅니다. 상민 씨는요? 그 회사에서 계속 일하시나요?
상민 : 아니요, 회사는 1년 전에 그만두었어요.

영수 : 그럼 지금 뭐 하세요?
상민 : 등산용품 가게를 하고 있어요. 제 명함인데 한번 놀러 오세요.

영수 : 저도 등산을 좋아하는데 가 보고 싶네요.
상민 : 꼭 오세요. 또 만납시다. 안녕히 가세요.

(2) 약속 정하기

희철 : 이번 주말에 약속이 없으면 같이 만날까요?
마이클: 좋아요. 뭐 할까요?

희철 : 오랜만에 놀이동산에 가고 싶은데 어떻습니까?
마이클: 좋아요. 저도 한 번 가 보고 싶어요. 그런데 여기에서 어떻게 가지요?

희철 : 거기까지 가는 버스가 있다고 하는데 어디에서 타는지 몰라요.
마이클: 인터넷으로 찾아보면 알 수 있지 않을까요?

희철 : 그래요, 알 수 있을 거예요. 버스 시간을 알아본 후에 약속 시간과 장소를 정합시다.
마이클: 그게 좋겠네요. 재미있을 것 같아요.

* 반말로 대화를 해 봅시다. (취미, 가족, 주말이야기······)

제19과 현금인출기로 하는 게 어때요?

바 투: 은행에 사람이 많은데 창구에서 찾지 말고 현금 인출기로 하는 게 어때요?

후 배: 저는 기계 사용도 서툴고 한국말도 잘 몰라서 아직 안 해 봤어요.

바 투: 화면에서 지시하는 대로 하면 돼요. 먼저 카드를 여기에 넣고 예금 출금을 누르세요.

후 배: 잘 안 되는데요. 왜 그럴까요?

바 투: 어디 봅시다. 현금으로 너무 많이 찾으려고 해서 그렇군요. 이런 경우에는 나눠서 찾을 수 밖에 없어요.

후 배: 고마워요. 기계로 직접 하니까 기다리지 않아서 좋네요.

● 단어　生词

- 창구 窗口
- 기계 机器, 器械
- 화면 画面
- 예금 存款
- 현금 现金
- 현금인출기 现金提款机
- 사용 使用
- 지시하다 指示
- 출금 取款
- 나누다 分, 分开
- 서툴다 不熟练, 生疏
- 넣다 放入, 装进
- 누르다 按, 压
- 직접 直接

巴图：　银行里人太多了，我们别去窗口，用现金提款机取怎么样？
师弟：　我不太懂机器，况且韩语也不太会，所以还没用过。
巴图：　按照画面上的指示做就行了。先把卡放进这里，再按取款键。
师弟：　不行啊。怎么会这样？
巴图：　我看看。要取的现金太多了，所以不行。这种情况下只能分开取了。
师弟：　谢谢。用机器直接取不用等，真是太好了。

语法

1 -말고

→ 补助词, 用于名词后, 表示 '아니고' 的意思, 即 "除……以外"。与动词词干相连时以 '-지 말고' 的形态出现。表示禁止。后面的动词主要以命令, 请求或疑问的形式出现。

보기　운동장말고 강당에서 음악회를 하기로 했어요.
　　　决定不在运动场, 而在礼堂举行音乐会。

　　　이 근처에 여기말고 다른 서점은 없어요?
　　　这附近除了这儿没有别的书店了吗?

　　　그 문을 당기지 말고 미세요.　那扇门不能拉, 要推。

2 -대로

→ 用于名词或动词、形容词的定语形词尾 '-(으)ㄴ/는' 后，表示"按照前面所说的或跟着前面的样子做"。

> 보기
> 모든 일이 예정대로 잘 진행되고 있습니다.　所有事情正在按预定计划进行。
>
> 동생은 형이 하는 대로 따라합니다.　弟弟跟着哥哥做。
>
> 하고 싶은 대로 하면서 살면 얼마나 좋을까요?　要是能想干什么就干什么该多好啊?

3 -(으)ㄹ 수밖에 없다

→ 是表示可能性的不完全名词 '수' 和表示"除了这个""除此之外"的助词 '밖에' 的结合体。用于谓词词干后，表示某一动作或状态发生的必然性。

> 보기
> 취직이 안 돼서 아르바이트를 할 수 밖에 없어요.
> 没能就业，只能打零工了。
>
> 현금이 없어서 카드로 계산할 수밖에 없었습니다.
> 没有现金，只能用卡结账了。
>
> 좋은 재료에다가 정성까지 들어가니 맛있을 수밖에 없죠.
> 又使用了好材料，又融入了感情，肯定好吃。

句型练习

1

보기

금요일

가 : 수요일에 회의를 할까요?
나 : 수요일 말고 금요일에 합시다.

병원에 가 보다

가 : 1주일 동안 약을 먹었는데 낫지 않아요.
나 : 약만 먹지 말고 병원에 가 보세요.

(1) 간장

불고기가 싱거운데 소금을 좀 넣을까요?

(2) 양복

결혼식에 청바지를 입고 가도 돼요?

(3) 똑바로 가다

저 사거리에서 오른쪽으로 갈까요?

(4) 바닥에 내려놓다

이 물건을 책상 위에 올려놓을까요?

(5) 의자에 앉아서 기다리다

여기에 서서 기다려도 돼요?

2

일이 계획 / 잘 되고 있습니다.

일이 계획대로 잘 되고 있습니다.

어머니께서 가르쳐 주시다 / 만들었어요.

어머니께서 가르쳐 주시는 대로 만들었어요.

(1) 어린 아기가 있어서 마음 / 외출할 수 없어요.

(2) 이 장난감을 설명서 / 만들었어요.

(3) 이 일을 제 생각 / 해 보려고 해요.

(4) 부탁하셨다 / 일을 해 놓았습니다.

(5) 사고에 대해 경찰에게 보았다 / 말했어요.

3

썼다 / 내면 돼요.

가 : 전기 요금은 어떻게 냅니까?
나 : 쓴 대로 내면 돼요.

(1) 앉은 순서 / 자기소개를 해 주세요.

누구부터 자기소개를 할까요?

(2) 의사 선생님 말씀 / 해야 빨리 회복할 수 있어요.

어떻게 해야 병이 빨리 나아요?

(3) 저 분이 안내하다 / 따라가면 회의실이 나올 거예요.

회의실이 어디에 있습니까?

(4) 오늘은 만화 주인공이 입었다 / 입어 보았어요.

옷차림이 만화에 나오는 사람하고 비슷해요.

(5) 들었다 / 얘기해 주세요.

사장님께서 회사 문제에 대해 여러 가지 말씀을 하셨어요.

4

보기: 비행기 표가 없어서 연기했다

가 : 왜 여행 날짜를 연기했어요?
나 : 비행기 표가 없어서 연기할 수밖에 없었어요.

(1) 세탁기가 고장 나서 손으로 빨다

왜 손으로 빨래를 하고 계세요?

(2) 흰머리가 많아서 염색을 하다

벌써 머리 염색을 하세요?

(3) 돈이 없어서 그만두었다

왜 학교를 그만두었어요?

(4) 더 있고 싶지만 여러 가지 문제가 생겨서 돌아갔다

스즈키 씨가 왜 갑자기 일본에 돌아가게 됐나요?

(5) 성격이 너무 달라서 헤어졌다

여자 친구가 착하고 예뻤는데 왜 헤어졌어요?

단어 生词
- 간장 酱油
- 소금 盐
- 장난감 玩具
- 순서 顺序
- 회복하다 恢复, 复苏
- 빨다 洗, 洗涤
- 빨래 洗衣服
- 흰머리 白头发
- 착하다 善良

읽기

싱싱냉장고 설명서

가나 전자 가족 여러분! 저희 싱싱 냉장고를 이용해 주셔서 감사합니다.

사용하시기 전에 설명서를 꼭 읽어 보시고 설명서대로 안전하게 사용해 주십시오.

냉장고는 벽에 붙이지 말고 그림처럼 설치해 주십시오. 벽에 붙여서 설치하면 기능이 떨어지고 전기료가 많이 나오게 됩니다.

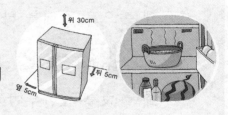

뜨거운 식품은 그냥 넣지 말고 완전히 식은 후에 넣어 주십시오. 뜨거운 식품을 그냥 넣으면 냉장고 온도가 올라가 냉장이 잘 되지 않습니다.

병 종류는 냉동실에 보관하지 마십시오.

식품은 적당한 간격을 두고 보관하십시오. 냉장이 잘 되고 전기료도 조금 나옵니다.

저온에서 상하기 쉬운 식품은 보관하지 마십시오.

냉장고를 청소하실 때는 먼저 플러그를 뽑으시고 내부에 들어 있는 식품들을 꺼내고 나서 부드러운 수건으로 닦아 주십시오.

제품 사용 중에 고장이 날 경우 구입일로부터 1년 동안 무상 서비스를 받으실 수 있습니다. 서비스 문의 전화는 전국 어디서나 지역번호 없이 1588-8282를 이용하시면 됩니다.

1 위의 내용에 없는 것은 무엇입니까?

① 냉장고 설치하는 방법 ② 냉장고 청소하는 방법
③ 수리하는 방법 ④ 식품을 보관하는 방법

2 한국어로 된 다른 사용 설명서를 읽고 소개해 봅시다.

단어 生词

- 안전하다 安全
- 설치하다 设置
- 식다 （食物）变凉
- 냉동실 冷冻室
- 간격 间隔
- 상하다 变质, 坏了
- 내부 内部
- 무상 서비스 免费服务
- 벽 墙壁
- 식품 食品
- 온도 温度
- 보관하다 保管
- 전기료 电费
- 플러그 插座
- 수건 毛巾, 手巾
- 붙이다 贴, 粘, 靠在一起
- 완전히 完全
- 냉장이 되다 冷藏
- 적당하다 适当, 恰当
- 저온 低温
- 뽑다 拔
- 구입일 购买日

기계 机械

현금자동입출금기 现金自动取款机

예금 지급/출금 取款	통장 정리 整理存折	
비밀번호 密码	입금 存款	명세표 明细表、清单
송금 汇款	현금 现金	예금 조회 存款查询
수표 支票	계좌 이체 账户转账	금액 金额

세탁기 洗衣机

전원 电源	동작 动作	일시정지 暂停
예약 预约	세탁 洗涤	헹굼 漂洗
탈수 脱水	냉수 凉水	온수 温水
강력 强力	표준 标准	

TV 리모컨 电视机遥控器

켜짐 开	꺼짐 关	음량 音量
채널 频道	메뉴 菜单	녹화 录像
삭제 删除	조용히 静音	콘텐츠 目录
화면크기 画面大小	외부 입력 外部输入	방송안내 节目介绍

제20과 이 청소기가 이상하네요

부   인: 이 청소기가 이상하네요. 머리카락이랑 먼지가 전혀 들어가지 않아요.

한 부장: 어디 봅시다. 정말 소리는 정상적으로 나는데 먼지가 그대로 있군요.

부   인: 뭐가 문제인지 한번 열어 봐요.

한 부장: 그럽시다. 아, 알았어요. 봉투에 쓰레기가 꽉 차서 들어가지 않은 거예요. 봉투 새 거 있어요?

부   인: 네, 저쪽 서랍에 남아 있을 거예요. 금방 가져 올게요.

한 부장: 자, 보세요. 새 것으로 가니까 진짜 시원하게 잘 들어가잖아요.

◎ 단어　生词

- 청소기 吸尘器
- 소리 声音
- 봉투 （吸尘器专用）纸制垃圾袋
- 차다 充满, 满盈
- 진짜 真, 真的
- 머리카락 头发, 发丝
- 정상적으로 正常
- 서랍 抽屉
- 먼지 灰尘
- 그대로 照旧, 照样
- 꽉 满满地
- 갈다 更换, 更替

夫　　人： 吸尘器有点儿奇怪啊。头发和灰尘一点儿都进不去。
韩部长： 我看看。还真是啊，听声音挺正常的，就是不吸灰。
夫　　人： 打开看看有什么问题。
韩部长： 好吧。啊，我知道了。是里面的袋子装得太满了。有新袋子吗?
夫　　人： 有，那边抽屉里应该还有剩下的。我马上拿过来。
韩部长： 好了，看。换了新的之后不就吸得很干净了嘛。

1 -아/어 있다

→ 用于自动词词干后, 表示动作结束后的状态一直持续。

　보기　지갑에 돈이 10만원 들어 있어요.　钱包里有10万元。

　　　　그 소설을 쓰신 분이 아직도 살아 계십니다.　那本小说的作者仍健在。

　　　　이 제품에 가격표가 붙어 있지 않아요.　这个产品上没贴价格标签。

제20과　이 청소기가 이상하네요　171

2 -(으)ㄹ게요

→ 终结词尾。表示说话者考虑对方的意见或对方所处的环境，为了使对方安心，而约定某种行为或下定某种决心。也用于说话者告知别人自己要做的行动。只用于第一人称陈述句，不能用于疑问句。

> 보기
> 일이 많으면 제가 도와 드릴게요.　如果事情多的话，我来帮忙。
> 이 일을 아무에게도 말하지 않을게요.　这件事我是不会对任何人说的。
> 어머니, 친구 좀 만나고 올게요.　妈，我去见一下朋友就回来。

3 -잖아요

→ 用于谓词词干后，形态为否定疑问句。在使对方想起已知事实的同时，用来强调该动作或状态。

> 보기
> 거긴 지난주에 우리가 같이 갔잖아요.
> 上周我们不是一起去过那里了嘛。
> 등산을 하기에는 날씨가 너무 덥잖아요.　这种天气爬山不是太热了嘛。
> 아직 면허를 따지 못했잖아요.　我不是还没拿到驾照嘛。

句型练习

1

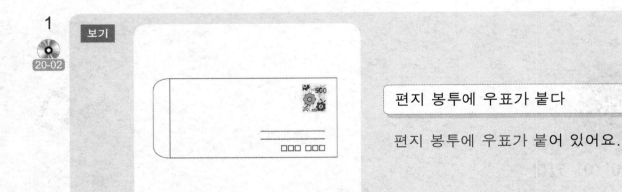

보기: 편지 봉투에 우표가 붙다 → 편지 봉투에 우표가 붙어 있어요.

(1) 사람들이 잔디에 앉다　　　(2) 제 옆 사람의 맥주잔이 비다

(3) 사람들이 극장 앞에 서다　　(4) 정원에 여러 가지 꽃이 피다

(5) 동생이 독일에 가다

2

보기

네, 책상 제일 아래 서랍에 들었다

가 : 잃어버린 서류를 찾으셨어요?
나 : 네, 책상 제일 아래 서랍에 들어 있었어요.

(1) 네, 집에 친구가 오다

오늘은 일찍 집에 가야 해요?

(2) 아니요, 아직 많이 남다

통장에 있는 돈을 다 쓰셨어요?

(3) 아니요, 아직 살다

약을 뿌렸는데 벌레가 죽었나요?

(4) 가격표가 안 붙다 / 잘 모르겠어요.

요즘 유행하는 이 스카프가 얼마예요?

(5) 네, 휴가철에는 호텔에 비다 / 방이 없어요.

휴가철이 멀었는데 벌써 방을 예약해야 해요?

3

보기

제가 버리다

가 : 쓰레기가 많이 쌓였네요.
나 : 제가 버릴게요.

(1) 제가 인터넷으로 알아보다

요즘 어떤 영화가 인기가 있는지 아세요?

(2) 시간을 내서 한번 초대하다

지난주에 이사하셨는데 집이 좋아요?

(3) 사신다면 좀 깎아 드리다

이 옷이 마음에 드는데 좀 비싼 것 같아요.

(4) 고맙습니다. 제가 주말쯤 한턱내다

승진을 축하합니다.

(5) 잠깐 슈퍼에 갔다오다

어디 가세요?

4

토요일이다

가 : 오늘 시내가 아주 복잡하군요.
나 : 토요일이잖아요.

(1) 백화점은 비싸다

근처에 백화점이 있는데 왜 동대문시장에 가세요?

(2) 요즘 이 게임이 인기가 있다

아이가 계속 이 게임만 해요.

(3) 어렸을 때 미국에서 살았다

주원 씨가 영어를 참 잘하네요.

(4) 술을 못 마시다

사토 씨는 술자리를 별로 좋아하지 않아요.

(5) 이번 주에 태풍이 온다고 하다

왜 여행을 취소하셨어요?

단어 生词　□붙다 贴, 靠　□잔디 草地, 草坪　□비다 空　□통장 存折　□뿌리다 喷, 洒　□벌레 虫子
　　　　　□유행하다 流行　□가격표 价格标签　□휴가철 休假季节　□술자리 酒席　□태풍 台风

듣기

听力

1. 질문을 듣고 맞지 않는 대답을 고르십시오. 🔘 20-06
   听过问题后选出与之不符的回答。

   (1)
   ① 새로 사지 말고 고쳐서 씁시다.
   ② 수리해서 계속 사용하는 게 어때요?
   ③ 그렇게 하는 게 좋을 것 같습니다.
   ④ 새 것을 사지 않고 그냥 썼습니다.

   (2)
   ① 그래도 지금 할 수 밖에 없어요.
   ② 저기에 앉아서 잠깐만 기다리세요.
   ③ 시간 여유가 있으니까 기다릴게요.
   ④ 시간이 얼마나 걸릴까요?

2. 듣고 질문에 대답하십시오. 🔘 20-07
   听后回答问题。

   (1) 들은 내용과 관계있는 것은 무엇입니까?
   ① 공기청정기   ② 가습기   ③ 선풍기   ④ 식기세척기

   (2) 이 사람은 무엇을 사면 좋겠습니까?
   ① 식기세척기   ② 가습기   ③ 정수기   ④ 전자렌지

3. 듣고 맞으면 O, 틀리면 X 하십시오. 🔘 20-08
   听下面的内容, 对的画O, 错的画×。

   (1) 현대 사회의 사람들은 생활에서 기계를 많이 사용한다.
   (2) 더 빠르고 더 편한 기계를 만들려고 사람들은 노력한다.
   (3) 기계 때문에 사람들의 생활이 편해졌다.
   (4) 기계를 사용하지 않는 이전의 생활로 돌아가고 싶을 때가 있다.

제20과 이 청소기가 이상하네요

제21과 저게 최신폰인데 굉장해요

류 징 : 저게 이번에 나온 최신폰인데 굉장해요. 당장 하나 사고 싶어요.

수 지 : 휴대폰을 얼마 전에 바꿨는데 벌써 또 바꾸려고요?

류 징 : 저는 뭐든지 새로 나오면 제일 먼저 써 보고 싶어요. 저 최신폰은 두께도 더 얇고 기능도 훨씬 뛰어나대요.

수 지 : 나도 광고에서 봤어요. 화면이 바뀌는 속도도 빠르고 검색할 수 있는 정보도 엄청났어요.

류 징 : 저 휴대폰 하나면 웬만한 것은 다 할 수 있대요.

수 지 : 놀랍군요. 덕분에 나도 최신폰을 구경할 수 있겠네요.

◉ 단어　生词

- 나오다 出来，出现
- 당장 立刻，马上
- 기능 性能
- 속도 速度
- 엄청나다 相当大，非常大
- 최신폰 最新款手机
- 두께 厚度
- 훨씬 更加
- 검색하다 检索
- 웬만하다 差不多，一般，还行
- 굉장하다 雄伟，壮观，非常
- 얇다 薄
- 뛰어나다 优秀
- 정보 情报
- 놀랍다 惊人，出乎意料

柳澄： 那个是这次新出的最新款手机，特别好。真想马上就买一部。

秀智： 你前不久才换了手机，又想换了?

柳澄： 我不管是什么，只要是新出的，都想先试用。那部最新款据说更薄，性能也更好。

秀智： 我也在广告上见过。画面的转换速度更快，检索的信息量也更庞大。

柳澄： 据说只要有那部手机，平常的事情都能做。

秀智： 真令人吃惊啊。托你的福，我也能看看最新款手机了。

语法

1 피동

→ '이，히，리，기' 等后缀用在部分动词词干后，把原来是宾语的对象变为主语。表示承受别人的动作或行为。这种现象语法上称为"被动"。

-이		-히		-리		-기	
보다	보이다	닫다	닫히다	듣다	들리다	끊다	끊기다
쓰다	쓰이다	잡다	잡히다	팔다	팔리다	안다	안기다
놓다	놓이다	먹다	먹히다	열다	열리다	쫓다	쫓기다
쌓다	쌓이다	꽂다	꽂히다	걸다	걸리다	빼앗다	빼앗기다
바꾸다	바뀌다	뽑다	뽑히다	풀다	풀리다		

| 보기 | 여름에 날씨가 더우면 수박이 잘 팔립니다. 夏天天气炎热的话, 西瓜就卖得很好.
유통 기한이 어디에 쓰여 있어요? 流通期限写在哪儿?
아기가 엄마에게 안겨서 자고 있어요. 孩子被妈妈抱在怀里睡着. |

2 - 덕분에

➡ 用于名词或动词的定语形词尾 '-(으)ㄴ/는' 后, 表示由于某人或某事产生好的结果。有时也用 '덕택에' 代替 '덕분에' 使用。

| 보기 | 컴퓨터 덕분에 일을 빨리 할 수 있어요.
多亏有了电脑, 可以更快地工作了。

이 회사가 발전한 것은 직원들의 노력 덕분입니다.
这家公司的发展全靠职员们的努力。

온 국민들이 응원해주신 덕택에 금메달을 딸 수 있었어요.
多亏了全国人民的加油助威, 我才能取得金牌。 |

句型练习

1

| 보기 | 구두끈을 풀었다
구두끈이 풀렸어요. |

(1) 창밖의 나무를 보다   (2) 올해는 파란색 자동차를 잘 팔다

(3) 어젯밤 도둑을 잡았다   (4) 갑자기 전화를 끊었다

(5) 그 가게 주인을 바꿨다

2 　보기

책 뒷면에 이름이 쓰이다

가 : 이 책은 누구 책이에요?
나 : 책 뒷면에 이름이 쓰여 있어요.

(1) 양복이 옷걸이에 걸리다

제 양복이 어디에 있어요?

(2) 전선이 끊기다

왜 전원에 불이 들어오지 않아요?

(3) 제 책꽂이에 CD가 많이 꽂히다

요시다 씨 책꽂이에는 뭐가 있어요?

(4) 네, 먼지가 많이 쌓였다

3시간이나 청소를 하셨어요?

(5) 은행 문이 닫혔다

왜 돈을 찾지 못했어요?

3

보기

세탁기 / 빨래하기가 편해졌어요.

세탁기 덕분에 빨래하기가 편해졌어요.

친구들이 도와주었다 / 이사를 잘했어요.

친구들이 도와준 덕분에 이사를 잘했어요.

(1) 의사 선생님 / 병이 빨리 나았어요.

(2) 학생 때 부모님 / 편하게 공부했어요.

(3) 좋은 선생님들 / 한국말이 많이 늘었어요.

(4) 아르바이트를 하다 / 생활비가 모자라지 않아요.

(5) 제 친구는 키가 크고 얼굴이 잘생겼다 / 인기가 있어요.

4

보기

네, 인터넷 전화가 무료이다.

가 : 부모님께 자주 연락을 드립니까?
나 : 네, 인터넷 전화가 무료인 덕분에 자주 연락을 드립니다.

(1) 아는 선배 / 쉽게 찾았어요.
이사할 집을 벌써 구했어요?

(2) 아니요, 김치냉장고 / 요즘은 오래 저장할 수 있어요.
겨울에 김장을 하면 여름까지 저장하기가 어렵죠?

(3) 아니요, 친구가 많다 / 힘들지 않았어요.
처음 한국에 왔을 때 힘들었나요?

(4) 네, 그래도 저희는 맞벌이를 하다 / 괜찮은 편이에요.
아이를 키우는 데 돈이 많이 들죠?

(5) 집 근처에 지하철역이 생겼다 / 편해졌어요.
회사에 출근하기가 어때요?

단어 生词
- 끈 绳子, 带子
- 도둑 小偷
- 전선 电线
- 늘다 提高, 进步
- 생활비 生活费
- 잘생기다 长得好看
- 인터넷 전화 网络电话
- 김치냉장고 泡菜冰箱
- 저장하다 储藏, 保存
- 맞벌이 双职工

무엇이 다릅니까?

두 사람이 <그림 1>과 <그림 2> 중에서 1개씩 봅니다.
보기 와 같이 대화하면서 두 그림의 다른 것 10 가지를 찾아봅시다.

2人在 "图片1" 和 "图片2" 中各选一张，参照 보기 做对话，找出两幅图中的10个不同之处。

보기

학생 1 : 창문이 열려 있습니까?
학생 2 : 아니요, 창문이 열려 있지 않습니다. 닫혀 있습니다.

학생 2 : 선생님이 서 계십니까?
학생 1 : 네, 선생님이 서 계십니다.

[1]

[2]

> 달력, 창문으로 보이는 것, 책상 위 사전, 책상 위 화분, 교실 밖 풍경, 누가 있나요, 몇 개 있나요, 교탁 위에 뭐가 있나, 문, 창문, 앉아 있는, 뭐 하는 중

> 어휘들

제21과 저게 최신폰인데 굉장해요 183

제22과 자꾸 깜빡해서 큰일 났어요

한 부장 : 요즘 나이 때문인지 자꾸 깜빡해서 큰일 났어요.

친 구 : 그래요? 무슨 일이 있었어요?

한 부장 : 아내 생일을 잊어버렸어요. 그래서 아내가 무척 섭섭해 하는데 어떻게 기분을 풀어 주죠?

친 구 : 글쎄요. 먼저 아내를 위해서 멋진 식당에 가서 외식을 하세요. 그리고 아내 몰래 선물과 꽃다발을 준비해서 같이 주면 보통 여자들은 감동합니다.

한 부장 : 꽃다발? 왠지 연애하는 기분이 드는군요.

친 구 : 제가 자주 가던 분위기 좋은 식당도 소개해 드릴게요.

단어　生词

- 나이 年纪
- 잊어버리다 忘记
- 멋지다 漂亮, 优秀
- 감동하다 感动
- 기분이 들다 感到, 感觉
- 자꾸 总是, 经常
- 무척 很, 非常
- 몰래 暗中
- 왠지 不知为什么
- 분위기 氛围, 气氛
- 깜빡하다 （精神）恍惚地
- 기분을 풀다 舒缓情绪
- 꽃다발 花束
- 연애하다 恋爱

韩部长： 最近可能是年纪大了，总是忘事儿，还因此出了大事儿。

朋　友： 是吗? 出什么事儿了?

韩部长： 我把妻子的生日给忘了。妻子心里很不高兴，怎样才能让她的心情缓解一下呢?

朋　友： 这个嘛，你先带妻子去高级餐厅吃顿饭，然后你瞒着她准备礼物和花一起送给她。一般情况下，女人都会感动的。

韩部长： 花? 怎么好像有点儿恋爱的感觉啊。

朋　友： 我再给你介绍一个我常去的气氛不错的餐厅。

문법　语法

1 -을/를 위해서

→ 用于名词后，表示目的、目标或对该名词有益。用于动词词干后时，变为'-기 위해서'，表示想要达到的目的。定语形为'-을/를 위한'。

> **보기** 애국자는 나라를 위해서 훌륭한 일을 한 사람들입니다.
> 爱国者是指为国家做出了优秀事业的人。
>
> 학생들이 대학에 합격하기 위해서 열심히 공부해요.
> 学生们为了考上大学而努力学习。
>
> 그 도서관에는 청소년들을 위한 책이 많이 있어요.
> 那所图书馆有很多青少年读物。

2 왠지

→ 由询问理由的副词'왜'和'-인지'结合而成的'왜인지'的缩写形式。表示没有明确的理由，虽然不知道理由。主要与表示状态或感觉的词连用。

> **보기** 요즘 왠지 입맛도 없고 밤에 잠도 잘 오지 않아요.
> 最近不知为什么没有胃口，晚上还睡不着。
>
> 왠지 그 사람에게 자꾸 마음이 끌려요.
> 不知为什么心好像总是被那个人牵着。
>
> 이 집은 왠지 오래 전에 와 본 느낌이에요.
> 不知为什么总感觉以前来过这房子。

3 -던

→ 表示回忆的词尾'-더'和定语形词尾'-(으)ㄴ'的结合体。用于谓词词干后，表示回忆往事或过去的动作没有完成。用来修饰后面的名词。'-(으)ㄴ'只表示动作发生在过去，'-던'表示过去一段时间内持续的动作或状态，或未完成的动作或状态。

> **보기** 어렸을 때 제가 타던 자전거가 아직도 있습니다.
> 我小时候骑的自行车现在还有呢。
>
> 먼저 가세요. 저는 하던 일을 끝내고 퇴근하겠습니다.
> 请先走吧。我把没完成的事都做完后就下班。
>
> 비가 오던 날씨가 맑게 개었습니다.
> 下雨的天放晴了。

1

보기

아버지가 아이들 / 열심히 일해요.

아버지가 아이들을 위해서 열심히 일해요.

선을 보다 / 양복을 새로 샀어요.

선을 보기 위해서 양복을 새로 샀어요.

(1) 공무원들은 국민 / 일하는 사람들입니다.

(2) 한국 유학 / 6개월 동안 준비했어요.

(3) 집을 옮기다 / 열심히 돈을 모으고 있어요.

(4) 디자이너가 되다 / 유럽으로 유학을 가요.

(5) 여러 가지 정보를 얻다 / 인터넷에서 검색을 합니다.

2 보기

사고가 났을 때

가 : 왜 보험에 들었어요?
나 : 사고가 났을 때를 위해서 보험에 들었어요.

(1) 환경 보호

왜 자전거를 타고 출근하세요?

(2) 네, 외국어 공부

외국 드라마도 자주 보세요?

(3) 네, 건강해지다

날마다 헬스클럽에 운동하러 가십니까?

(4) 돈을 절약하다

왜 점심을 사 먹지 않고 도시락을 싸 가지고 다녀요?

(5) 나에게 맞는 일을 찾다

왜 그렇게 여러 가지 아르바이트를 하세요?

3 보기

식욕이 없다

가 : 왜 밥을 먹지 않아요?
나 : 왠지 식욕이 없어요.

(1) 오늘은 아침부터 우울하다

아까부터 왜 아무 말도 하지 않아요?

(2) 그 사람이 좋다

왜 그 사람을 자꾸 만나요?

(3) 마음이 불안하다

아이가 혼자 여행 가는 것을 왜 반대해요?

(4) 이 노래만 부르면 눈물이 나다

왜 노래를 부르다가 우세요?

(5) 오늘은 손님이 없다

가게가 안 바쁘고 한가하군요.

4

보기

아니요, 작년에 입다 / 거예요.

가: 스키복 새로 사셨어요?
나: 아니요, 작년에 입던 거예요.

(1) 대학 때 자주 가다 / 카페에서요.

대학교 동창생들을 어디에서 만났어요?

(2) 우리 가족이 옛날에 살다 / 집이에요.

이 사진 속의 집이 참 예쁘네요.

(3) 전에 회사에서 같이 일하다 / 사람이에요.

그 사람을 어떻게 아세요?

(4) 제가 어릴 때부터 자주 먹다 / 음식이니까요.

떡볶이가 그렇게 맛있어요?

(5) 여기 있다 / 제 휴대폰이 없어져서요.

뭘 찾고 있어요?

단어 生词
- 선을 보다 相亲 □ 국민 国民 □ 유학 留学 □ 모으다 聚集, 攒 □ 얻다 得到
- 검색하다 检索 □ 보험 保险 □ 환경보호 环境保护 □ 절약하다 节约 □ 도시락 饭盒
- 식욕 食欲 □ 우울하다 忧郁, 郁闷

비슷하지만 아주 다른 한국말

한국에 온 지 벌써 4년이 됐으니까 정말 시간이 빠른 것 같다.

그동안 열심히 한국말을 공부한 덕분에 이제는 배운 대로 어느 정도 말할 수 있게 됐지만 처음엔 바보 같은 실수를 많이 했다.

빨대? 빨래?

나는 콜라나 사이다를 마실 때 꼭 빨대로 마시는 사람이다. 그날도 목이 말라서 학교에 가는 길에 편의점에 들러서 음료수를 샀다. 돈을 내고 나서 아르바이트생에게 계산대 옆에 놓여 있는 빨대를 달라고 해야 하는데……. 아~~~ "빨래……주세요"라고 말한 나. ㅠㅠ

나는 왜 편의점에서 빨래를 달라고 한 것일까? ㅋㅋ

남자 친구가 생기다? 남자 친구가 잘생기다?

어느 날 오랜만에 만난 선배가 나에게 물었다.
"너 많이 예뻐졌다. 남자 친구 생겼어?"
나는 이렇게 대답했다, " 아니, 못생겼어. ㅠㅠ"
배꼽을 잡고 웃기만 하던 그 선배……. 아~~~ 바보 같은 나의 한국말.

1 편의점에서 이 사람은 _____을/를 _____(으)로 잘못 말했습니다.

2 선배는 이 사람에게 _____냐고 물었지만 이 사람은 _____ 다고 대답했습니다.

3 한국말을 잘못 말해서 실수한 경험이 있으면 말해 보세요.

단어 生词

- 바보 傻瓜
- 빨대 吸管
- 계산대 收银台
- 배꼽 肚脐
- 배꼽을 잡고 웃다 捧腹大笑, 十分可笑

제23과 일단 분실 신고를 해 주세요

수 지 : 지하철 선반 위에 노트북을 놓고 내렸는데 어떻게 해야 하나요?

승무원 : 조금 전에 떠난 열차죠? 혹시 타셨던 차량 칸 번호를 기억하세요?

수 지 : 아니요, 보기는 봤는데 기억하지 못하겠어요.

승무원 : 일단 분실 신고를 해 주십시오. 만약 찾게 되면 분실물 신고 센터에서 연락을 할 겁니다.

수 지 : 꼭 좀 부탁합니다. 거기에 중요한 자료가 있어서요.

승무원 : 누가 가져가지 않았으면 좋을 텐데…….

● 단어　生词

- 선반 行李架
- 열차 列车
- 기억하다 记忆
- 분실 신고 挂失
- 놓다 放
- 차량 车辆
- 일단 一旦，先，暂且
- 분실물 신고 센터 挂失中心
- 떠나다 离开
- 칸 车厢
- 만약 万一，如果

秀　智：我把笔记本电脑落在地铁的行李架上了，该怎么办啊？
乘务员：是刚开走的那辆列车吧？你还记不记得你乘坐的是几号车厢？
秀　智：不记得了。看是看见了，但记不住了。
乘务员：先挂失吧。如果找到的话，挂失中心会联系您的。
秀　智：那么拜托了。那里面有很重要的资料。
乘务员：要是没被别人拿走就好了……

语法

1 -았/었던

→ 过去时态 '-았/었' 和 '-던' 的结合体。用于谓词词干后，表示对过去的回忆。

보기　어제 만났던 사람 이름이 뭐였죠?　昨天见的那个人叫什么名字来着？

조용했던 시골 마을이 유명한 관광지가 되었습니다.
曾经安静的乡村，现在变成了有名的观光景区。

믿었던 사람인데 그 사람에게 배신을 당했습니다.
曾经很相信那个人，结果却被他背叛。

제23과　일단 분실 신고를 해 주세요　193

2 누구(무엇, 어디, 언제, 몇……)

→ 疑问词 '누구, 무엇, 어디, 몇' 等, 用于疑问句时表示询问不知道的事, 但用于陈述句时, 表示未定的某个或某种程度。

> 보기 사무실에 누가 있는 것 같아요. 办公室里好像有人。
>
> 배가 고픈데 뭘 좀 먹읍시다. 肚子好饿, 咱们吃点儿什么吧。
>
> 그 사람에게 연락이 안 되는데 무슨 일이 생긴 것 같아요.
> 联系不上他, 可能是有什么事。

3 -(으)ㄹ 텐데

→ 表示意志或推测的 '-겠다', '-(으)ㄹ것이다' 与 '-(으)ㄴ데' 连用时, 变成 '-(으)ㄹ 텐데'。前一分句是后一分句的背景或前提, 后一分句表示说话者的意志, 打算, 推测。当前一分句推测的是已经完成的状态时, 用 '-았/었을 텐데'。

> 보기 이 시간에는 시내가 복잡할 텐데 조금 이따가 갑시다.
> 这个时间市里应该很拥挤, 我们稍等一会儿再走吧。
>
> 그 사람도 같이 가면 좋을 텐데…….
> 如果他也一起去就好了……
>
> 학교가 벌써 끝났을 텐데 왜 아이가 돌아오지 않을까요?
> 学校应该已经放学了啊, 孩子怎么还不回来呢?

유형 연습

1

보기

어머니께서 결혼식 때 입다 / 웨딩드레스예요.

가: 이것은 누구의 웨딩드레스예요?
나: 어머니께서 결혼식 때 입었던 웨딩드레스예요.

(1) 네, 제가 여자 친구와 가다 / 경복궁 길이 참 좋아요.

데이트하기 좋은 곳을 아세요?

(2) 호주에서 같이 공부하다 / 친구를 만나요.

주말에 누구를 만나요?

(3) 한 번 쓰다 / 우표예요.

왜 우표를 버려요?

(4) 오전에 전화하다 / 사람이 또 전화했어요.

누구 전화예요?

(1) 아니요, 가난하다 / 친구였는데 부자가 되었어요.

그 친구 부모님이 부자셨어요?

제23과 일단 분실 신고를 해 주세요

2

밖에 사람이 찾아 왔어요. / 어떤

밖에 어떤 사람이 찾아 왔어요.

(1) 그 사람을 만난 적이 있어요. / 몇 번

(2) 냄새가 나는 것 같아요. / 무슨

(3) 휴가 때 여행을 하려고 해요. / 며칠

(4) 사무실에 있는 것 같아요. / 누가

(5) 내일은 좀 가야 해요. / 어디

3

저도 학교까지 버스 타고 가다 / 같이 갑시다.

저도 학교까지 버스 타고 **갈 텐데** 같이 갑시다.

곧 정기세일을 하다 / 그때 겨울 코트를 사러 갑시다.

곧 정기세일을 **할 텐데** 그때 겨울 코트를 사러 갑시다.

(1) 제가 이 물건들을 다 정리하다 / 걱정하지 말고 쉬세요.

(2) 제프 씨를 더 기다리면 늦다 / 먼저 출발하는 게 좋겠어요.

(3) 그 영화가 무섭다 / 그래도 보고 싶어요?

(4) 그 사람이 힘들다 / 그 일을 포기하지 않아요.

(5) 시험을 잘 봤다 / 뭘 걱정을 하세요?

4

보기

저녁에는 쌀쌀해지다 / 두꺼운 옷을 입고 가세요.

가 : 친구들과 낚시를 가는데 어떤 옷을 입고 갈까요?
나 : 저녁에는 쌀쌀해질 텐데 두꺼운 옷을 입고 가세요.

(1) 제가 어려우면 부탁하다 / 그때 도와 주세요.

지금 도와 드릴까요?

(2) 어린 아이들이 있다 / 아이스크림과 과자가 어때요?

과장님 댁에 뭘 사 갈까요?

(3) 외국인들에게 한국 음식이 맵다 / 뭘 준비하면 좋을까요?

외국인을 초대했는데 음식은 결정했어요?

(4) 바쁘시다 / 와 주셔서 감사합니다.

결혼을 진심으로 축하합니다.

(5) 아니요, 지금쯤 도착했다 / 아직 연락이 없네요.

미국 간 동생한테서 연락이 왔어요?

단어 生词
- 웨딩드레스 婚纱
- 경복궁 景福宫
- 데이트하다 约会
- 호주 澳洲
- 가난하다 贫困, 贫穷
- 부자 富人, 富翁
- 정기세일 定期打折
- 쌀쌀하다 凉飕飕的

제23과 일단 분실 신고를 해 주세요

1 듣고 질문에 대답하십시오. 23-06
   听后回答问题。

   (1) 고속도로에서는 왜 운전하기가 무서워요?

   (2) 위 글의 내용과 다른 것은 무엇입니까?

   ① 남자는 출장을 갈 때 고속도로를 자주 이용합니다.
   ② 여자는 고속도로에서 운전할 때 안전벨트부터 매요.
   ③ 남자는 답답해서 고속도로에서 안전벨트를 매지 않아요.
   ④ 두 사람 모두 고속도로를 이용할 때 불안해합니다.

2 듣고 질문에 대답하십시오. 23-07
   听后回答问题。

   (1) 위 글의 내용과 맞는 것은 무엇입니까?

   ① 운전 중에 휴대폰이 울려도 사람들은 보통 받지 않습니다.
   ② 안전을 위해서 운전할 때 휴대폰을 꼭 꺼 놓습니다.
   ③ 운전 중에 휴대폰을 받으면 사고가 나기 쉽습니다.
   ④ 운전 중에 휴대폰을 받는 건 음주 운전보다 위험하지 않습니다.

   (2) 위 글에 나온 사고의 위험이 높은 경우를 모두 고르십시오.

   ① 음주운전
   ② 난폭운전
   ③ 과속운전
   ④ 졸음운전

3 듣고 질문에 대답하십시오.
听后回答问题。

(1) 여자가 한 일을 순서대로 쓰십시오.

(2) 들은 대화의 가장 중요한 내용은 무엇입니까?

① 요즘 집안일이 너무 힘들다.　② 가전제품을 사용해서 집안일이 어렵지 않다.
③ 요즘 건망증이 심해졌다.　　④ 건망증이 있으면 좋은 습관이 생긴다.

한국 문화 엿보기　了解韩国文化

120茶山呼叫中心

在首尔，如果想了解公共交通或生活信息等，知道该往哪里拨打电话吗？请拨打120茶山呼叫中心。对于您的问题接待员将会给予耐心地回答。几天前，由于一些小问题导致地铁暂时中断运行，当时我就拨打了120茶山呼叫中心，询问了地铁运行时间和公交车路线。

不仅是地铁运行时间，想了解道路交通状况或者信号灯故障，自来水管道故障，举报不良食品，想做志愿者服务，想知道汉江游览船的利用方法，想了解在首尔举行的文化活动，想知道在休假期间营业的药店，想帮助不幸的邻居，想了解好的约会场所等，各种情况下都可以拨打120茶山呼叫中心得到帮助，并且还提供英语、日语、汉语等外语服务。

除此之外，犯罪举报拨打112，举报间谍拨打113，火警和救护车拨打119。

제24과 앞바퀴 바람이 빠졌어요

수 지: 잠깐만요. 차가 똑바로 가지 않고 자꾸 옆으로 기울어지는 느낌이 들어요.

이 대리: 그럼 차를 길옆으로 세워 놓고 살펴봅시다.

수 지: 무슨 문제가 있어요?

이 대리: 큰일이군요. 앞바퀴 하나가 바람이 다 빠졌어요. 출발할 때는 괜찮았는데 운전하고 오는 도중에 펑크가 난 것 같아요.

수 지: 사무실에 거의 다 왔는데…….

이 대리: 여기까지 무사히 온 게 다행이죠. 빨리 보험 회사에 연락합시다.

단어 生词

- 기울어지다 倾斜
- 살피다 观察, 察看
- 펑크 爆胎
- 보험 회사 保险公司
- 느낌이 들다 产生感觉
- 바퀴 轮子
- 무사히 平安无事地
- 연락하다 联系, 联络
- 세우다 停, 止住
- 빠지다 漏
- 다행이다 幸亏, 幸好

秀　智： 等一下。我觉得这车不走直线，总是向旁边倾斜。
李代理： 那咱们把车停在路边检查一下吧。
秀　智： 有什么问题吗?
李代理： 出大问题了啊。前轮中有一个漏气了。出发时还好好的，可能是开来的路上爆胎了。
秀　智： 马上就到办公室了……
李代理： 能平安地开到这儿就已经很幸运了。快点儿联系保险公司吧。

语法

1 사동

词缀 '이, 히, 리, 기, 우' 等, 用于部分动词词干后时, 表示使别人做某事。这种现象在语法上叫做 "使动"。使用词缀 '우' 时, 要在前面加 'ㅣ'。

-이		-히		-리		-기		-우	
먹다	먹이다	읽다	읽히다	알다	알리다	웃다	웃기다	자다	재우다
죽다	죽이다	앉다	앉히다	살다	살리다	맡다	맡기다	타다	태우다
보다	보이다	입다	입히다	울다	울리다	벗다	벗기다	서다	세우다
속다	속이다	익다	익히다	돌다	돌리다	씻다	씻기다	깨다	깨우다

보기	친한 친구가 저를 속였어요.　要好的朋友骗了我.
	아이들은 의자에 앉히십시오.　让孩子们坐在椅子上.
	비행기를 타야 하니까 내일 아침 일찍 깨워 주세요. 明天要搭飞机, 所以请早点儿叫醒我.

2 - 도중에

→ 用于名词或动词现在时的定语形词尾 '-는' 之后, 表示在进行某种行为的过程中.

보기	회의 도중에 휴대폰이 울려서 당황했습니다. 会议中手机响了, 感到惊惶失措.
	다른 사람이 말하는 도중에 끼어들면 실례예요. 别人说话时插话是很失礼的.
	아무리 힘들더라도 공부를 도중에 포기하지 마세요. 不管再怎么困难也请不要中途放弃学业.

句型练习

1

보기

아이 / 강아지가 씻다

아이가 강아지를 씻깁니다.

어머니 / 아기가 우유를 먹다

어머니가 아기에게 우유를 먹입니다.

(1) 영화 속 주인공 / 사람들이 울다

(2) 사이토 씨 / 여자 친구가 자동차에 타다

(3) 가게 아저씨 / 파리가 죽었다

(4) 선생님 / 학생들이 책을 많이 읽었다

(5) 누나 / 동생이 옷을 입다

2

보기

아니요, 아침마다 아내 / 깨다

가 : 날마다 아침에 스스로 일어나요?
나 : 아니요, 아침마다 아내가 깨워요.

(1) 같이 다니는 친구 / 너무 웃다

하루 종일 뭐가 그렇게 재미있어요?

(2) 아니요, 선생님 / 입었다

제니 씨가 혼자서 한복을 입었어요?

(3) 네, 저 / 알았다

사람들이 약속 장소가 바뀐 것을 알고 있어요?

(4) 아니요, 담당 간호사 / 약을 먹었다

보호자가 없을 때 환자가 혼자 약을 먹었어요?

(5) 부모들 / 자동차 뒷좌석에 앉다

차를 탈 때 아이는 보통 어디에 앉아요?

3

식사 / 기침이 나서 잘 못 먹었어요.

가 : 식사는 맛있게 하셨어요?
나 : 식사 도중에 기침이 나서 잘 못 먹었어요.

운전하다 / 졸면 큰일 나요.

가 : 어젯밤에 잘 못자서 피곤하군요.
나 : 운전하는 도중에 졸면 큰일 나요.

(1) 네, 회의 / 먹었어요.

5시간이나 계속 회의를 했는데 식사하셨어요?

(2) 촬영 / 불이 나서 연기되었어요.

왜 영화 촬영이 연기되었어요?

(3) 네, 쇼핑을 하다 / 잃어버린 것 같아요.

가방 속에 지갑이 없어요?

(4) 미국에서 영어를 배우다 / 만나서 결혼했어요.

남편을 어디서 만났어요?

(5) 아침에 출근하다 / 연락을 받았어요.

부장으로 승진하신 것을 언제 알았어요?

단어 生词　□ 강아지 小狗　□ 스스로 单独，独自　□ 담당 担当, 担任　□ 보호자 保护者, 监护人
　　　　　□ 환자 患者　□ 졸다 困, 瞌睡

감탄사 感叹词

1. **어머・어머나**
   主要用于女性，表达对意外之事的惊讶之情。
   어머나, 이를 어떻게 하나?

2. **아이고・어이구・어이쿠**
   表示疼痛或疲劳，惊讶或高兴。
   아이고, 힘들어 죽겠다. / 어이구, 이게 누구야?

3. **우아・와~**
   表示意外惊喜。
   우아, 우리가 이겼다. / 와 ~ 멋있다!

4. **어휴**
   表示非常疲倦或郁闷。
   어휴, 숨 차. / 어휴, 답답해서 미치겠네.

5. **아차・아, 참**
   表示突然想起忘记的事情。
   아차, 연락하는 걸 깜박 잊었어요.

6. **흥**
   嘲笑时发出的鼻音。
   흥, 보자마자 왜 반말이야?

7. **저**
   想不起来时或者有难以启齿的话想说时用的单词。
   저, 돈 좀 있으면 빌려 주시겠어요?

8. **후유**
   表示疲倦或安心时，长出气的声音。
   후유, 이 많은 일을 언제 다 하지? / 후유, 이제 살았다.

9. **음**
   表示担心或难以决定，或者无法理解。
   음, 뭐라고 할까? 한 마디로 말하기 어려워요.

10. **흠**
    表示满足或高兴时，闭着嘴呼出的声音。
    흠, 보통 솜씨가 아닌데.

무슨 사고입니까?

두 사람씩 짝을 지어 보기 와 같이 그림을 보고 주어진 단어를 사용하여 설명하십시오.
两人一组，参照 보기 ，用所给的单词对图片进行说明。

보기

⇨

한강근처 / 충돌하다 / 운전수가 다치다 / 의식을 잃다 / 교통이 막히다

한강 근처에서 자동차와 버스가 충돌하였어요. 자동차 운전수가 다쳐서 의식을 잃었어요. 그리고 그 사고 때문에 근처 교통이 많이 막혔어요.

⇨

집이 비다 / 도둑을 맞다 / 현금 / 금반지 / 금목걸이 / 경찰에 신고하다 / 집주인이 놀라다

불이 나다 / 연기가 차다 / 피하다 / 계단으로 내려오다 / 소방차 / 소방대원 / 불을 끄다

_____

식당 종업원 / 음료수를 쏟다 / 사과하다 / 당황해하다 / 세탁비를 지불하다

_____

물에 빠지다 / 구조대원이 발견하다 / 튜브를 던진다 / 끌어당기다 / 구하다

_____

제25과 거실이 꽤 크고 넓군요

🔊 25-01

수　　지 : 거실이 꽤 크고 넓군요. 전망도 좋고.

한 부장 : 저기 소파에 앉으시죠. 오후라서 햇빛이 많이 들어오는데 블라인드를 내리는 것이 좋겠어요.

수　　지 : 색깔이 은은하고 좋아요. 벽지하고도 잘 어울리고.

한 부장 : 집사람이 골랐는데 생각보다 괜찮은 것 같아요.

수　　지 : 이건 가족사진이군요. 애들이 참 귀여워요.

한 부장 : 어릴 때 사진이라 지금은 많이들 달라졌는데, 새로 찍자고 하고서 아직 못 찍었어요.

단어 生词

- 거실 客厅
- 햇빛 阳光
- 벽지 壁纸
- 어리다 幼, 小
- 꽤 相当, 颇为
- 블라인드 百叶窗, 窗帘
- 어울리다 和谐, 相称
- 전망 瞭望, 眺望
- 은은하다 隐隐约约
- 집사람 老婆, 妻子

秀　智： 客厅真宽敞啊。视野也不错。
韩部长： 坐沙发上吧。下午阳光太充足了，把窗帘放下比较好。
秀　智： 颜色很素雅，很漂亮。跟壁纸也挺搭配。
韩部长： 是我老婆挑的，好像要比想象中的好。
秀　智： 这是全家福吧。孩子们真可爱。
韩部长： 是小时候的照片了，现在变了很多，说了要再照一次，到现在还没照。

1 -(으)시지요

→ 终结词尾, 用于动词词干后, 表示劝导。

보기　여기에 앉으시지요.　请坐这儿吧。

오늘은 이 넥타이를 매시죠.　今天系这条领带吧。

수리하지 말고 이사를 하시지요.　别修了, 搬家吧。

제25과　거실이 꽤 크고 넓군요

2 -들

→ 用于可数名词或代名词后，表示复数。还可以用于副词或词尾之后，表示动作或状态的主体为复数。

| 보기 | 식사하고 커피들 마셨나요?　吃完饭后喝咖啡了吗?
| | 편히들 앉아서 기다리세요.　请随便坐, 稍等片刻。
| | 너무 서두르지들 말고 여유를 가집시다.　请不要太着急, 放松。

3 -고서

→ 用于动词词干后，表示前后行为不一致或矛盾。与间接引语连用时，表示前后分句中的行为不一致或矛盾。

| 보기 | 실컷 먹고서 맛이 없다고 해요.　吃了个够, 吃完又说不好吃。
| | 도와준다고 하고서 그냥 가 버렸어요.　说了要帮忙, 结果就那么走了。
| | 바쁘다고 하고서 하루 종일 게임만 해요.　说了很忙, 结果玩了一天的游戏。

句型练习

1

25-02

보기

네, 거기 소파에 앉아서 기다리다

가 : 여기서 기다려도 돼요?
나 : 네, 거기 소파에 앉아서 기다리시죠.

(1) 까만 양복에 빨간 넥타이를 매다

졸업식인데 뭘 입고 갈까요?

(2) 전자 사전을 사다

사전이 너무 무거워서 가지고 다니기 불편해요.

(3) 병원에 한번 가 보다

갑자기 열이 나고 기침이 심해졌어요.

(4) 큰 사이즈로 신어 보다

이 구두가 예쁜데 좀 작네요.

(5) 길이 미끄러우니까 나가지 말다

나가려고 했는데 눈이 많이 오는군요.

2

보기

네, 예쁘게 / 웃어 주세요.

가 : 여기서 사진 한 장 찍을까요?
나 : 네, 예쁘게들 웃어 주세요.

(1) 선물 / 준비하셨어요?

내일이 크리스마스군요.

(2) 먼저 / 식사하고 시작합시다.

지금 일을 시작할까요?

(3) 괜찮아요. 편히 / 앉으세요.

갑자기 방문해서 죄송해요.

(4) 이름을 쓰지 / 말고 내세요.

선생님, 이름을 어디에 쓸까요?

(5) 저녁 식사 하지 말고 / 오세요.

저희가 금요일 퇴근 후에 찾아 뵙겠습니다.

3

보기 | 조금 전에 이름을 물어보다 / 또 물어봐요?
→ 조금 전에 이름을 물어보고서 또 물어봐요?

(1) 남의 발을 밟다 / 전혀 미안해하지 않아요.

(2) 자기가 실수를 하다 / 다른 사람에게 화를 내요.

(3) 일찍 일어난다고 하다 / 낮 12시까지 잤어요.

(4) 한턱내겠다고 하다 / 그냥 갔어요.

(5) 다른 친구들에게 일찍 오라고 하다 / 자기가 늦게 왔어요.

4

보기: 저녁을 두 그릇이나 먹다 / 케이크를 또 먹었어요.

가: 왜 이렇게 배가 나왔어요?
나: 저녁을 두 그릇이나 먹고서 케이크를 또 먹었어요.

(1) 네, 자기 손에 들다 / 한참 동안 찾았어요.

제프 씨가 안경을 찾았어요?

(2) 그 사람이 질문을 하다 / 대답을 잘 듣지 않잖아요.

왜 기분이 나빠졌어요?

(3) 결혼하다 / 총각처럼 행동해서 그래요.

왜 그 남자에 대한 소문이 안 좋아요?

(4) 아니요, 친구가 배가 고프다고 하다 / 별로 먹지 않았어요.

주문한 피자를 다 먹었어요?

(5) 같이 여행을 가자고 하다 / 혼자 갔어요.

왜 친구한테 화가 났어요?

단어 生词　□ 사이즈 尺寸, 大小　□ 찾아뵙다 拜访　□ 밟다 踩, 踏　□ 총각 未婚青年
□ 행동하다 行动, 行为

제25과　거실이 꽤 크고 넓군요　213

읽기

전셋집을 구하고 있어요

손님 : 집 좀 보러 왔는데요.
부동산 주인 : 사실 건가요, 전세나 월세를 보시나요?
손님 : 20평 정도되는 아파트 전세요.
부동산 주인 : 20평 아파트라면……. 이 집 어떠세요? 주인이 살고 있는데 얼마 전에 수리도 해 놓아서 깨끗하고 가격도 괜찮아요.
손님 : 지하철역까지는 얼마나 걸리나요?
부동산 주인 : 걸어서 가기는 좀 멀고 아파트 앞에 마을버스가 10분마다 있으니까 그걸 타면 역까지 10분 정도 걸릴 거예요.
손님 : 지하철역까지 걸어서 갈 수 있는 다른 아파트는 없나요?
부동산 주인 : 그럼 이 집은 어떠세요? 역까지 걸어서 5분 정도 걸리고 아파트에서 공원도 보이기는 하는데 가격이 좀 비싼 편이에요.
손님 : 그럼 두 집 모두 지금 보여 주실 수 있으세요?
부동산 주인 : 한 집은 주인이 살고 있어서 가능할 것 같은데 다른 한 집은 다른 분이 살고 계셔서 전화를 해 봐야 알겠는데요.

(집을 본 후에)

부동산 주인 : 어떠세요? 그리고 이사는 언제쯤 하실 건가요?
손님 : 제가 살던 집을 3월 5일에 비워 주어야 하니까 3월 4일이나 5일쯤 이사했으면 좋겠는데요.

1 이 사람이 본 두 집의 장점과 단점을 말해 보십시오.

	첫 번째 집	두 번째 집
장점		
단점		

2 집을 구해 본 경험을 이야기해 봅시다.

단어 生词

- 부동산 **不动产, 房地产**
- 평 **坪**
- 이사하다 **搬家**
- 전세 **传赁 (韩国特有的房屋租凭方式)**
- 수리하다 **修理**
- 월세 **按月付租**
- 마을버스 **居民区小公交车**

제26과 수납할 곳이 많아서 좋네요

수 지: 이 가방에 있는 옷은 어디에 놓을까요?
메구미: 저 붙박이 옷장에 걸어 주세요.
수 지: 이 세면 도구하고 수건들은 따로 화장실 수납장에 넣을까요?
메구미: 그렇게 해 주세요.
수 지: 이 신발들은 현관에 있는 신발장에 넣으면 되죠? 전에 살던 집에 비해서 수납할 곳이 많아서 좋네요.
메구미: 그래요. 현관에 신발장 말고도 평소에 쓰지 않는 물건을 넣을 수 있는 공간도 있어요.

● 단어　生词

- 붙박이 옷장　固定衣柜
- 따로　另外，单独
- 현관　玄关，门口的空地
- 평소에　平时
- 세면도구　洗漱用具
- 화장실　洗手间
- 신발장　鞋柜
- 공간　空间
- 수건　毛巾，手巾
- 수납장　收藏柜
- 수납하다　收纳，收藏

秀智：　这包里的衣服要放哪儿？

惠子：　请挂在那个固定衣柜里。

秀智：　洗漱用具和毛巾给你放到洗手间的收藏柜里好吗？

惠子：　好的。

秀智：　这些鞋子放在玄关处的鞋柜可以吧？跟以前住的房子比，这里能用来放东西的地方更多，真不错。

惠子：　是啊。玄关除了鞋柜还有存放平时不用的东西的空间。

 　语法

1 -아/어야겠다

→ 表示义务或必要条件的词尾 '-아/어야' 和表示意志、推测的词尾 '-겠' 结合而成。表示根据看见或听见的情况而作出决定。

보기　인터넷으로 안 되니까 전화로 예약을 해야겠어요.
　　　在网上不行，所以只好用电话预定了。

　　　눈이 많이 온다고 하니까 생필품을 사 놓아야겠네요.
　　　说是要下大雪，看来得多储存一些生活必需品了。

　　　앞으로는 중국어가 필요할 테니까 중국어를 배워 놓아야겠어요.
　　　以后会需要汉语的，看来得学汉语了。

제26과　수납할 곳이 많아서 좋네요　217

2 -에 비해서

→ 表示比较的动词 '비하다', 用于 '-에 비해서' 形式时, 表示以前面的名词为标准判断后面的内容, 也可以用 '-에 비하여' 的形态。

보기 노력에 비해서 성적이 오르지 않아요.　跟所做的努力相比, 成绩并没有上升。

집이 우리 식구 수에 비해서 큽니다.　按我们家人口相比, 房子很大。

작년 겨울에 비하면 올 겨울은 따뜻한 편이에요.
与去年冬天相比, 今年冬天算是比较暖和的。

3 -말고도

→ 补助词, 由表示 '아니고' 的补助词 '-말고' 和表示追加或强调的助词 '도' 结合而成。表示不仅包括前面的名词, 还包括后面所说的内容。表达相同意思的还有 '-외에도'。

보기 저는 형말고도 누나가 두 명 있어요.　我除了哥哥, 还有2个姐姐。

여기말고도 근처에 가게가 많이 있으니까 천천히 보고 삽시다.
除了这里, 附近还有许多商店, 多看几家再买吧。

시험 볼 때 연필과 지우개말고도 준비할 게 또 있습니까?
考试时, 除了铅笔和橡皮还有什么要准备的吗?

句型练习

1

보기

올 여름에 저도 한번 가 보다

가 : 작년 여름에 제주도에 갔는데 경치가 정말 아름다웠어요.
나 : 올 여름에 저도 한번 가 봐야겠어요.

(1) 겨울 코트가 없는데 사러 가다

요즘 백화점에서 겨울옷을 세일하고 있대요.

(2) 더 오르기 전에 빨리 김장을 하다

앞으로 배추 값이 더 오를 거래요.

(3) 길이 미끄러우면 안 되니까 눈을 치우다

밤새 정말 눈이 많이 왔군요.

(4) 네, 안경을 맞추다

저렇게 큰 글씨가 잘 안 보여요?

(5) 네, 앞으로는 무리하지 말다

주말에도 나와서 일하고 병이 났다면서요?

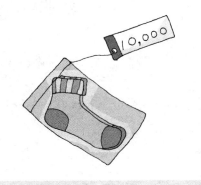

이 양말은 값 / 질이 안 좋아요.

이 양말은 값에 비해서 질이 안 좋아요.

(1) 주말에는 평일 / 길이 복잡해요.

(2) 우리 회사는 다른 회사 / 월급이 많아요.

(3) 가방이 크기 / 무겁지 않네요.

(4) 아이가 먹는 것 / 몸이 말랐어요.

(5) 제가 걱정했던 것 / 일이 잘 해결되었어요.

3

보기

네, 연세 / 건강하시다

가: 할아버지께서 90세이신데 괜찮으세요?
나: 네, 연세에 비해서 건강하세요.

(1) 도시 / 공기도 맑고 한가하다

시골은 생활하기가 어떻습니까?

(2) 아니요, 값 / 맛은 별로이다

저 식당 음식은 맛있어요?

(3) 전에 살던 아파트 / 전망이 좋다

한강변에 있는 아파트로 이사 가니까 어때요?

(4) 네, 부모님과 같이 사는 것 / 자유롭다

혼자 독립해서 사니까 편해요?

(5) 자동차를 타고 다니는 것 / 시간이 덜 걸리다

왜 출퇴근할 때 지하철을 이용하세요?

4

보기 | 일본 사람 / 여러 나라 사람이 있다
가 : 한국어 교실에 일본 사람만 있어요?
나 : 아니요, 일본 사람말고도 여러 나라 사람이 있어요.

(1) 네, 한국 요리 / 중국 요리도 할 수 있다

이탈리아에서 오셨는데 한국 요리를 할 수 있어요?

(2) 그럼요, 호랑이 / 여러 동물이 있다

이 동물원에 호랑이가 있을까요?

(3) 아니요, 하얀색 / 까만색도 있다

이 셔츠가 마음에 드는데 하얀색만 있어요?

(4) 아니요, 말하기 시험 / 쓰기, 듣기 시험도 보다

이번에는 말하기 시험만 보나요?

(5) 여기 / 좋은 데가 많으니까 그리로 갑시다

이 카페에 자리가 없네요.

단어 生词 □ 올 여름 今年夏天 □ 치우다 清理, 清除 □ 맞추다 配, 装配 □ 글씨 字 □ 앞으로 以后
□ 해결되다 解决 □ 강변 江边 □ 자유롭다 自由 □ 독립하다 独立 □ 설거지 洗碗

제26과 수납할 곳이 많아서 좋네요 221

1 무엇에 대한 설명입니까? 듣고 맞는 것을 고르십시오. 26-06
   这是关于什么的说明？听后选择正确选项。

   (1)

   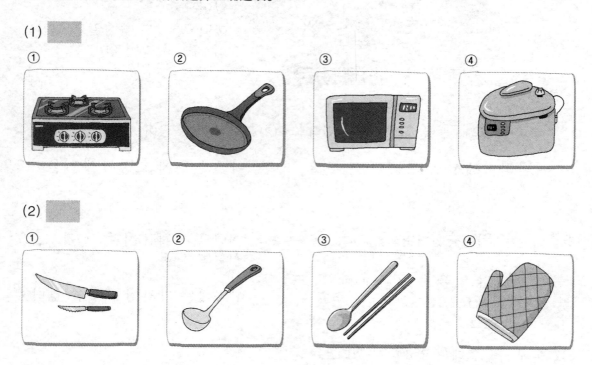

   (2)

2 듣고 질문에 대답하십시오. 26-07
   听后回答问题。

   (1) 듣고 맞지 않는 것을 고르십시오.

   ① 이 여자는 아파트로 오기 전에 주택에서 살았습니다.
   ② 주택보다는 아파트가 편하다고 생각합니다.
   ③ 주택에는 마당이 있어서 좋았습니다.
   ④ 이 여자는 야채 키우는 것을 좋아하지 않습니다.

   (2) 아파트의 편한 점을 쓰십시오.

반찬 小菜

[나물]

| 콩나물 | 시금치나물 | 고사리나물 | 도라지나물 |

[탕]

| 설렁탕 | 매운탕 | 삼계탕 |

[조림·구이]

| 소고기 장조림 | 감자조림 | 생선구이 |

[볶음]

| 멸치볶음 | 낙지볶음 |

[전]

| 파전 | 김치전 | 호박전 |

제26과 수납할 곳이 많아서 좋네요

제27과 우리끼리 먼저 점심을 먹읍시다

메구미 : 류징 씨가 늦어지는 것 같은데 우리끼리 먼저 점심을 먹읍시다. 뭐 드실래요?

수 지 : 저기 라면이 있던데 간단하게 라면 먹는 게 어때요? 내가 도와 드릴게요.

메구미 : 그러면 나는 상을 차릴 테니까 수지 씨가 라면을 끓여주세요.

수 지 : 네, 알았어요. 그런데 냄비는 어디에 있어요?

메구미 : 싱크대 밑에 있어요. 맨 앞에 있는 노란 냄비로 끓이세요.

수 지 : 물은 이만큼 넣으면 되나요?

● 단어   生词

- (상을) 차리다 摆桌子
- 싱크대 (厨房)洗涤槽
- 끓이다 煮,烧开
- 밑 下面
- 냄비 小锅
- 맨 – 最-

惠子： 柳澄好像要迟到了，我们先吃午饭吧。想吃点儿什么？
秀智： 有方便面，我们就简单点，吃方便面怎么样？我来帮忙。
惠子： 那我去摆桌子，秀智就麻烦你去煮方便面吧。
秀智： 嗯，好的。但是锅在哪里啊？
惠子： 在洗涤槽柜下面。用最前面的那个黄色的锅就行。
秀智： 放这么多水可以吗？

   语法

1 -(으)ㄹ래요?

→ 终结词尾，用于动词词干后，表示询问对方意向。只用于询问当前应选择哪些具体行为，不包括不确定的将来和叙述形。

보기   밥 먹고 뭐 할래요, 영화 볼래요?   吃完饭想干什么？想看电影吗？

온돌방하고 침대방이 있는데 어느 것으로 하실래요?
有地热房和带床的房间，您想要哪种？

이 구두 살래요, 말래요?   你想不想买这双鞋？

제27과 우리끼리 먼저 점심을 먹읍시다

➜ '-(으)ㄹ래요'用于陈述句时，表示说话者的意愿。与'-(으)ㄹ게요'不同的是：'-(으)ㄹ래요'也可用于与对方的情绪、意志表示相反的意愿时。

> 보기　아무리 반대해도 이 일만은 제 뜻대로 할래요.
> 不管你再怎么反对，这件事我也要按照我的想法去做。
>
> 이 일이 힘들어도 포기하지 않을래요.　虽然这件事很难，但是我不想放弃。
>
> 더우니까 저는 시원한 팥빙수를 먹을래요.
> 天气好热，我想吃凉爽的红豆冰。

2 -던데

➜ 用于谓词词干后，表示说话者站在观察者的角度，对所经历的事实的回想。不用于说话者对自身行为的回想。在表达说话人回忆已经完成的动作或状态时，用'-았/었던데요'。表达同样意思的还有'던데요', '더군요'。

> 보기　저쪽에 사람이 많이 모여 있던데 무슨 일이 있어요?
> 那边聚集了很多人，发生什么事了吗?
>
> 백화점이 세일 중인데 싸고 좋은 물건이 많더군요.
> 百货商店正在打折，有很多既便宜又不错的商品。
>
> 10년 만에 고향에 갔는데 많이 변했던데요.
> 时隔10年再次回到故乡，故乡变化很大。

3 -만큼

➜ 用于名词或'-(으)ㄴ/는/(으)ㄹ'后面，表示后面的数量、程度与前面的相当。

> 보기　오늘도 어제만큼 더운 것 같아요.　今天也跟昨天一样热。
>
> 전기, 수도 요금은 매달 사용한 만큼 내요.
> 电费、水费、根据每个月的用量交费。
>
> 고속도로를 달릴 만큼 아직 운전이 능숙하지 못해요.
> 还没熟练到能在高速公路上开车的程度。

유형 연습

1

보기

뭐 마시다

가: 목이 마른데 마실 것 좀 주세요.
나: 뭐 마실래요?

(1) 저와 산책하면서 이야기하다

오늘은 기분이 우울하군요.

(2) 아니요, 조금만 더 기다려 주다

일이 다 끝났습니까?

(3) 그럼 같이 식사하러 가다

점심시간이 지나서 배가 고프군요.

(4) 어느 것으로 사시다

이 머리핀이 보라색도 예쁘고 밤색도 예쁜데…….

(5) 저랑 같이 운동하러 다니다

요즘 살이 많이 쪄서 걱정이에요.

2

보기

저는 빨간색 구두로 하다

가: 이 까만색 구두 어떠세요?
나: 저는 빨간색 구두로 할래요.

(1) 피곤하니까 그냥 집에서 쉬다

주말에 연극이나 보러 갈까요?

(2) 그래도 한번 도전해 보다

번지 점프는 좀 위험한 것 같은데…….

(3) 넥타이보다 전기면도기로 하다

남자 친구 생일 선물로 넥타이가 어때요?

(4) 아니요, 오늘은 마시지 않다

한잔하러 가는데 같이 갑시다.

(5) 이번에는 제가 먼저 사과하지 않다

영수 씨가 먼저 사과하세요.

3

보기

굉장히 복잡하다

가 : 남대문시장에 가 보니까 어땠어요?
나 : 굉장히 복잡하던데요.

(1) 아주 친절하다

백화점에 가니까 직원들이 어때요?

(2) 등산을 많이 하다

한국 사람들은 어떤 운동을 많이 하는 것 같아요?

(3) 젊어 보이다

마크 씨가 머리를 짧게 자르니까 어때요?

(4) 날씨 때문에 많이 올랐다

요즘 채소와 과일값이 어때요?

(5) 전혀 맵지 않다

삼계탕을 처음 먹어 보니까 어땠어요?

4

보기: 동생이 형 / 키가 커요
동생이 형만큼 키가 커요.

(1) 하숙집 아주머니가 우리 어머니 / 나이가 드신 것 같다
(2) 회사에 다니면서 공부하기가 학생 때 / 쉽지 않아요
(3) 아들이 잘 먹는 것 같은데 먹다 / 살이 찌지 않아요
(4) 생각했다 / 시간이 많이 걸리지 않았다
(5) 스키를 타겠다 / 눈이 쌓이지 않았다

5

보기: 네, 필요하다 / 가져가세요.
가: 이 종이를 써도 돼요?
나: 네, 필요한 만큼 가져가세요.

(1) 아니요, 연애할 때 / 잘해 주지 않아요.
결혼하니까 남편이 잘해 줘요?

(2) 네, 하지만 서울 / 노선이 많지 않아요.
지방에도 지하철이 있나요?

(3) 먹고 싶다 / 얼마든지 먹을 수 있어서 좋아요.

뷔페식당에 가면 무엇이 좋아요?

(4) 제가 아르바이트를 해서 벌었다 / 써요.

한 달에 용돈을 얼마나 써요?

(5) 참을 수 없겠다 / 배가 아파서요.

어젯밤에 왜 응급실에 가셨어요?

| 단어 生词 | □ 머리핀 发夹, 发卡 □ 보라색 青紫色 □ 밤색 栗色, 咖啡色 □ 도전하다 挑战
□ 번지 점프 蹦极 □ 전기면도기 电动刮胡刀 □ 사과하다 道歉 □ 노선 路线
□ 뷔페식당 自助餐厅 □ 용돈 零花钱 □ 참다 忍耐, 忍住 |

 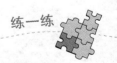

이런 집에서 살고 싶어요

보기를 보고 내가 살고 싶은 아파트의 평면도를 그려 보십시오. 두 사람씩 짝을 지어 각자 자기 것을 보면서 상대방이 질문을 하면 대답해 봅시다.

根据 보기，画出你想居住的公寓的平面图，两人一组，看着自己所画平面图回答对方的问题。

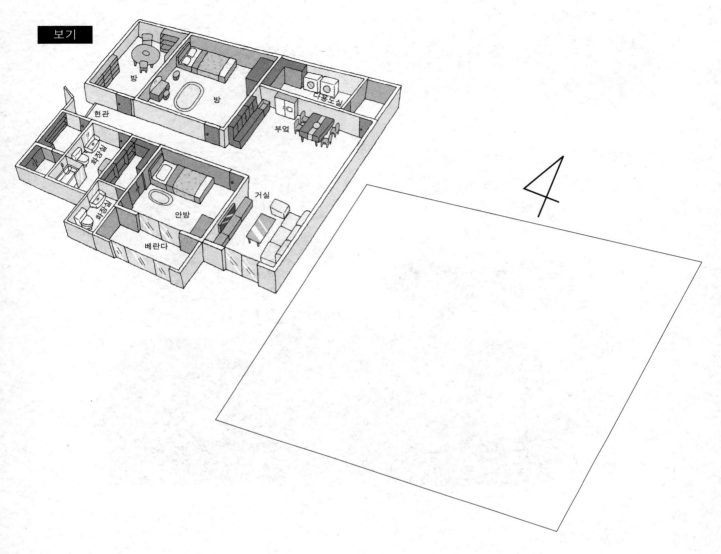

- 현관문은 어느 쪽에 있습니까? (동쪽, 서쪽 등)
- 현관에 무엇이 있습니까? (신발장, 수납장 등)
- 방이 몇 개입니까? (안방, 서재, 아이들 방 등)
- 안방 (침대, 화장대, 옷장), 부엌 (싱크대, 가스렌지, 냉장고, 식탁)
  화장실 (세면대, 욕조, 변기), 다용도실 (세탁기, 보일러), 베란다 (화분, 빨래 건조대)

제28과 졸업이 멀지 않았는데

한 부장: 집에 들어오자마자 웬 한숨이니?

한지원: 졸업이 멀지 않았는데 졸업 후에 어떻게 해야 할지 몰라서요.

한 부장: 공부가 적성에 맞으면 계속 공부하기를 바라지만 너는 어떻게 생각하니?

한지원: 저도 공부하는 것이 그리 싫지는 않은데 아직 잘 모르겠어요. 좀 더 생각해 볼래요.

한 부장: 친구들은 대개 어떻게 하니?

한지원: 졸업하자마자 바로 취직하려는 친구도 있고 대학원에 가려고 준비하는 친구도 몇 명 있어요.

● 단어   生词

- 웬 哪来的，怎么
- 바라다 希望
- 취직하다 就业
- 한숨 叹气，叹息
- 그리 那么，那样
- 대학원 研究生院
- 적성에 맞다 适合
- 대개 大概，大部分

韩部长： 怎么一回来就叹气？
韩智媛： 没剩多长时间就要毕业了，不知道毕业之后该怎么办。
韩部长： 如果适合学习的话，我倒是希望你继续学业。你是怎么想的？
韩智媛： 我也不太讨厌学习，但是还不清楚。我想再考虑一下。
韩部长： 你朋友们都怎么打算的？
韩智媛： 有毕业就工作的，也有几个人准备读研究生。

   语法

1 -자마자

→ 连接词尾，用于动词词干后，表示前一动作或状态结束后，紧接着发生另一动作或状况。

보기   그 사실을 알리자마자 난리가 났어요.   事实一经公开就引起了混乱。
　　　　그 사람을 보자마자 첫눈에 반했습니다.   见到那个人就一见钟情了。
　　　　휴가가 끝나자마자 바로 출장을 가야 합니다.   休假一结束就得马上出差。

2 웬 -

→ '웬 -'表示哪来的、干什么的、怎么。用于名词前，表示对预想之外的事进行询问或感叹。

보기　주말도 아닌데 고속도로에 웬 차들이 이렇게 많아요?
又不是周末，高速公路上怎么这么多车啊？

이게 웬 냄새예요?　这是什么味道啊？

학생들이 웬 질문을 그렇게 많이 하는지 진땀이 나서 혼났어요.
学生们的问题怎么那么多啊，弄得我都冒汗了，真要命。

3 -기를 바라다

→ 用于谓词词干后，表示祈愿、希望。主要用于书信、公文或祝福语。

보기　늘 행복하시기 바랍니다.　祝你永远幸福。

시험에 꼭 합격하시기를 바랍니다.　祝你考试合格。

이 문제를 어떻게 해결하기를 바랍니까?
你希望这个问题怎么解决？

句型练习

1

보기

네, 월급을 받다 / 백화점에 가서 샀다

가: 사고 싶어 하던 옷과 구두를 사셨어요?
나: 네, 월급을 받자마자 백화점에 가서 샀어요.

(1) 네, 그래서 집에 도착하다 / 샤워부터 했다

어제 갑자기 비가 와서 비를 다 맞았죠?

(2) 퇴근 시간이 되다 / 모두 사무실에서 나갔다

직원들이 언제 퇴근했어요?

(3) 그 가수의 CD가 나오다 / 다 팔려서 없다

이 가수의 CD를 사고 싶은데 있나요?

(4) 날씨가 따뜻해서 눈이 오다 / 금방 녹았다

눈이 많이 왔는데 길에 별로 쌓이지 않았다.

(5) 너무 피곤해서 자리에 눕다 / 잠이 들었다

집에 도착한 후 왜 전화하지 않았어요?

2

선물이에요?

웬 선물이에요?

(1) 떡이에요?
(2) 짐이 이렇게 무거워요?
(3) 목걸이가 그렇게 비싸요?
(4) 차가 이렇게 막혀요?
(5) 꽃을 이렇게 많이 샀어요?

3

케이크예요?

가: 배가 고픈데 같이 먹을까요?
나: 웬 케이크예요?

(1) 장갑이에요?

어제 동대문에서 샀는데 한번 껴 보세요.

(2) 전화 요금이 이렇게 많이 나왔어요?

이번 달에 전화 요금이 30만 원이나 나왔어요.

(3) 시간이 이렇게 빨라요?

벌써 대학교 4학년이 되어 졸업할 때가 되었어요.

(4) 음식을 이렇게 많이 차리셨어요?

와 주셔서 감사합니다. 많이 드세요.

(5) 게임을 하루 종일 하니?

재미있는데 1시간만 더 할게요.

4

보기

즐거운 여행이 되다

가 : 내일 인도로 여행을 가요.
나 : 즐거운 여행이 되기를 바랍니다.

(1) 좋은 결과가 있다

내일 시험을 보러 갑니다.

(2) 그동안 건강하시다

1년 후에 다시 만납시다.

(3) 새해 복 많이 받으시다

또 다시 새해가 되었군요.

(4) 건강한 아기를 낳으시다

출산 예정일이 다음 주예요.

(5) 행복하게 사시다

결혼식에 와 주셔서 감사합니다.

단어 生词	□ 녹다 融化 □ 눕다 躺, 倒 □ 새해 新年 □ 복 福气 □ 낳다 生, 产
	□ 출산 生产, 出产 □ 예정일 预定日

제28과 졸업이 멀지 않았는데 237

고민과 선택

'인생은 수많은 고민과 선택이다'라는 말처럼 우리 앞에는 많은 고민과 선택이 놓여 있습니다. 이번 여행은 어디로 갈까? 점심 식사로 짜장면을 먹을까, 짬뽕을 먹을까? 하는 작은 고민에서부터 이 사람과 결혼해야 할까? 어떤 직업을 갖는 것이 좋을까? 하는 우리 인생을 좌우할 수 있는 큰 고민들까지 우리 모두는 선택 앞에서 고민을 하게 됩니다.

그런데 왜 우리는 이렇게 작은 것부터 큰 것까지 고민 고민하는 걸까요? 아마 그건 더 나은 선택을 하기 위해서일 겁니다. 그렇다면 더 나은 선택을 하기 위해서 우리는 어떻게 해야 할까요?

우선 좋은 정보를 많이 알고 있어야 합니다. 책이나 신문에서 그리고 나보다 더 많은 인생을 살았던 사람들의 이야기에서 우리는 좋은 정보들을 얻을 수 있습니다. 책상에 앉아 고민만 하지 말고 책도 읽고 신문도 보고 밖으로 나가 사람들을 만나십시오. 거기에서 얻은 정보들은 여러분의 선택에 큰 도움을 줄 수 있을 겁니다.

그리고 선택을 한 후에는 후회하지 않는 것입니다. 어렵고 힘든 일이 생겼다고 해서 후회하고 포기한다면 여러분이 했던 그 선택은 나쁜 선택이 되는 것입니다. 가장 중요한 것은 자신이 한 선택에 대해서 최선을 다하는 것입니다.

선택을 하기 전에 많이 고민하고 선택을 하고 난 후에는 고민하지 말고 열심히 최선을 다한다면 어떤 결과가 나와도 그 선택은 좋은 선택이 될 것입니다.

지금 여러분 앞에 고민이 있습니까? 여러분 앞에 어떤 선택이 놓여 있습니까?

1   왜 우리는 작은 고민, 큰 고민을 합니까?

2   더 나은 선택을 하기 위해서 어떻게 해야 합니까?

3   지금 여러분은 어떤 고민이 있고 어떤 선택을 하려고 합니까?

단어 生词

- 고민 苦恼, 烦恼
- 후회하다 后悔
- 짬뽕 海鲜面
- 포기하다 放弃, 抛弃
- 좌우하다 左右

제29과 성격이 안 맞는 것 같아요

수 지: 요즘 기운이 없어 보이는데 무슨 일이 있어요?

류 징: 여자 친구랑 성격이 안 맞는 것 같아서 계속 만나야 할지 그만 만나야 할지 고민 중이에요.

수 지: 지난번엔 좋다면서요? 어떤 점이 안 맞는데요?

류 징: 나는 영화나 공연을 보고 같이 얘기하는 것을 좋아하는데 여자 친구는 파티나 클럽에 가는 것을 더 좋아하거든요.

수 지: 고민하는 사이에 서로 오해가 쌓일 수 있으니까 만나서 솔직하게 얘기 해 보세요.

류 징: 그래서 저도 기회가 되는 대로 여자 친구와 이야기해 보려고 해요.

● 단어 生词

□ 성격 性格
□ 클럽 俱乐部，夜总会
□ 고민하다 苦恼，烦恼
□ 쌓이다 被堆积
□ 점 点，方面

秀智： 最近看你没什么精神，发生什么事了吗？
柳澄： 我好像跟女朋友性格不合，正在想要不要继续交往下去，很烦恼。
秀智： 上次还说很好呢？哪方面不合啊？
柳澄： 我喜欢看电影或者演出之后一起聊天，但是女朋友更喜欢参加派对或去夜总会。
秀智： 你在这里烦恼只会加深两个人之间的误会，还是见了面坦率地谈谈吧。
柳澄： 所以有机会的话我也想跟女朋友谈谈。

1 -아/어 보이다

➔ '보이다'是'보다'的被动式，用于形容词或表示状态的动词词干后，表示主体看起来像某一状态。

보기 파마를 하니까 제가 언니보다 나이 들어 보여요.
烫了发之后，我看起来比姐姐的年纪大。

까만색 옷을 입으면 날씬해 보여요. 穿黑色的衣服看起来显瘦。

안색이 나빠 보이는데 무슨 일이 있어요?
气色看起来不太好，发生什么事了吗？

2 -사이에

→ 用于动词、形容词的定语形词尾'-(으)ㄴ/는'后，表示动作或状态持续的时间。也就是在前一个动作或状态进行中出现了另一个动作或状态。

보기 전화를 받는 사이에 생선이 타 버렸습니다.　接电话的工夫鱼煎糊了。

보통 아이가 학교에 간 사이에 집안일을 해요.　一般孩子去上学时做家务活。

그 사이에 벌써 일을 다 끝냈어요?　在那期间事情就都结束了？

3 -는 대로

→ 用于动词词干后，表示某种状态或动作一出现就实施某一行为动作。后文常用表示命令、请求、意志、打算的句子。

보기 이 일이 끝나는 대로 떠나려고 해요.　我想这件事一结束就离开。

공항에 도착하는 대로 연락드리겠습니다.　我一到机场就给您打电话。

검사 결과가 나오는 대로 수술하는 게 좋을 것 같습니다.
检查结果出来后马上就接受手术比较好。

句型练习

1 보기

디자인이 좀 나이 들다

가 : 이 안경이 저한테 어울리는 것 같아요?

나 : 디자인이 좀 나이 들어 보여요.

(1) 항상 바쁘고 피곤하다

직장인들의 삶이 어떤 것 같아요?

(2) 네, 찌개가 아주 맛있다

제가 찌개를 만들었는데 맛 좀 보시겠어요?

(3) 그렇게 하니까 거실이 넓다

봄이 되어서 커튼을 밝은 색으로 바꿨어요.

(4) 모두 행복했다

신혼여행을 가는 신혼부부들의 표정이 어땠어요?

(5) 잘 가르치고 좋았다

오늘 첫 수업을 했는데 선생님이 어땠어요?

2

자다 / 눈이 정말 많이 왔다

가 : 온 세상이 하얗게 변했군요.
나 : 자는 사이에 눈이 정말 많이 왔어요.

(1) 다른 생각을 하다 / 질문해서 당황했다

왜 선생님의 질문에 당황했어요?

(2) 네, 어머니가 안 보다 / 놀이터에서 넘어졌다

아이가 많이 다쳤어요?

(3) 사장님이 자리를 비웠다 / 손님이 오셨다

아까 누가 오셨어요?

(4) 제가 잠깐 거래처에 갔다 / 와서 못 만났다

왜 여자 친구를 만나지 못했어요?

(5) 네, 부모님이 안 계셨다 / 사고가 나서 힘들었다

사고가 나서 많이 힘드셨어요?

3

보기

운전면허증을 따다 / 차를 살 거예요.

운전면허증을 따는 대로 차를 살 거예요.

(1) 공부가 끝나다 / 귀국하려고 해요.

(2) 첫 월급을 받다 / 한턱낼게요.

(3) 이번 일을 마치다 / 휴가를 떠나려고 해요.

(4) 좋은 사람을 만나다 / 결혼할 생각이에요.

(5) 돈이 생기다 / 요즘 유행하는 부츠를 살 거예요.

4

보기

대학을 졸업하다 / 유학을 떠날 거예요.

가 : 언제 유학을 떠날 거예요?
나 : 대학을 졸업하는 대로 유학을 떠날 거예요.

(1) 사장님이 오시다 / 시작하려고 합니다.

송년 파티는 언제 시작하나요?

(2) 네, 휴가를 얻다 / 유럽으로 배낭여행을 떠날 거예요.

금년 여름에 특별한 계획이 있어요?

(3) 아니요, 퇴근하다 / 가 볼 데가 있어요.

퇴근 후에 시간 있어요?

(4) 지금 사는 집이 팔리다 / 이사를 갈 거예요.

언제 이사를 갑니까?

(5) 시간이 결정되다 / 알려 드리겠습니다.

회의가 몇 시에 있는지 알려 주시겠어요?

단어 生词
- 삶 生活
- 신혼부부 新婚夫妇
- 표정 表情
- 온 - 全部, 整个
- 세상 世界
- 변하다 变化, 改变
- 당황하다 慌张, 惊慌失措
- 따다 取得, 获得
- 마치다 结束
- 부츠 长筒靴
- 갚다 还, 偿还

제29과   성격이 안 맞는 것 같아요   245

듣기

听力

1 듣고 질문에 대답하십시오. 🔘 29-06
听后回答问题。

(1) '골드미스'에 대해 잘 설명한 것을 고르십시오.

① 젊고 좋은 직장을 가지고 있는 여자
② 젊고 얼굴이 괜찮은 여자
③ 나이가 많지만 좋은 직장을 가지고 있는 여자
④ 나이가 많고 직장이 없는 여자

(2) 골드미스인 친구는 어떤 스타일의 여자입니까?

2 듣고 질문에 대답하십시오. 🔘 29-07
听后回答问题。

(1) 들은 내용과 맞으면 O, 틀리면 X 하십시오.

① 부모님의 뜻에 따라 법과대학에 갔습니다.
② 변호사가 되는 것은 어릴 때부터의 꿈이었습니다.
③ 졸업 후 미술 공부를 하러 파리로 유학을 가려고 합니다.
④ 어렸을 때부터 그림을 그릴 때가 가장 행복했습니다.
⑤ 유학 가는 것을 부모님께서 허락하셨습니다.

(2) 법과대학에 다니는 동안에 왜 힘들었습니까?

친척 亲戚

친할아버지 친할머니

외할아버지 외할머니

큰아버지 큰어머니

아버지 어머니

외삼촌 외숙모

작은 아버지 작은 어머니

나

이모부 이모

고모 고모부

사촌

아들 딸

사촌

조카(형제의 아이들)

제29과 성격이 안 맞는 것 같아요

제30과 모아 둔 돈이 많지 않아요

이 대리 : 결혼을 하고 싶은데 모아 둔 돈이 많지 않아서 걱정이에요.
수 지 : 5년이나 직장 생활을 했는데 모아 둔 돈이 많지 않다고요?
이 대리 : 낭비하지 않고 열심히 모았는데도 많이 부족해요.
수 지 : 결혼하는 데 돈이 그렇게 많이 들어요?
이 대리 : 그럼요. 집도 얻어야 하고 이것저것 결혼식 비용도 많이 들고……. 그래서 부모님이 도와주는 경우도 많아요.
수 지 : 부모님이 도와 줘요? 미국에서는 이런 경우 대개 스스로 해결하게 하는데…….

● 단어 生词

□ 모으다 收集，攒
□ 부족하다 不足，不够
□ 스스로 自己
□ 직장 职场
□ 얻다 得到，收到
□ 해결하다 解决
□ 낭비하다 浪费
□ 비용 费用

李代理： 我想结婚，但是攒下的钱不多，有点担心啊。
秀 智： 已经工作5年了，还说攒下的钱不多？
李代理： 虽然一直都没敢浪费努力地攒钱，但还是差很多。
秀 智： 想结婚的话要花那么多钱吗？
李代理： 当然了。要买房子，婚礼各种费用还要花很多钱……所以很多情况下父母都会帮忙。
秀 智： 父母帮忙？在美国这种情况大部分都是自己解决……

 语法

1 -아/어 두다

→ 用于动词词干后，表示前面的动作完成后的状态一直保持。'-아/어 놓다'主要表示动作后的状态一直持续，'-아/어 두다'则更强调长时间的"保存"。

보기 친구들의 주소와 전화번호를 휴대폰에 저장해 두었어요.
把朋友们的地址和电话号码存在手机里了。

여행갈 때 가지고 가려고 사 둔 가방인데 참 가벼워요.
这是我为了去旅行而买的包，很轻。

서류들을 잘 정리해 두지 않으면 찾기가 어렵습니다.
文件不整理好存放的话很难找。

제30과 모아 둔 돈이 많지 않아요 249

2 -게 하다

➔ 用于动词，形容词词干后，表示使动。使用词缀 '-이/히/리/기/우' 等表示使动时，是直接性的行为，而 '-게 하다' 表示根据命令或状况，而进行的间接性的使动。

> 보기
>
> 아이가 몸이 약하면 운동을 하게 하세요.　如果孩子身体比较弱，请让他多做运动。
>
> 발은 따뜻하게 하고 머리는 차게 하는 것이 좋다고 합니다.
> 听说让脚部保持温暖，头部保持凉爽比较好。
>
> 청소년들에게 술과 담배를 팔지 못하게 해야 해요.
> 应该禁止向青少年贩卖烟酒。

句型练习

1

보기

친구들의 전화번호를 수첩에 썼어요.

친구들의 전화번호를 수첩에 써 두었어요.

(1) 구급약을 약통에 넣었어요.

(2) 선물로 받은 액자를 거실에 걸었어요.

(3) 학생 때 좋은 책을 많이 읽으세요.

(4) 위험한 물건은 안전한 곳에 보관합시다.

(5) 보너스를 받으면 저금할 거예요.

2

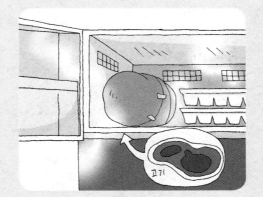

냉동실에 넣었어요.

가 : 남은 고기를 어떻게 했어요?
나 : 냉동실에 넣어 두었어요.

(1) 옷장에 거세요.

이 옷을 세탁해서 어떻게 할까요?

(2) 창고에 넣읍시다.

안 쓰는 물건들은 어떻게 할까요?

(3) 아니요, 상자에 보관했어요.

남자 친구에게서 받은 연애편지를 다 버렸나요?

(4) 네, 매일 일기장에 기록했어요.

사춘기 시절에 있었던 일들을 기억합니까?

(5) 이럴 때 포도주를 담그면 좋아요.

요즘 포도가 싸고 맛있는 것 같아요.

3

어머니 / 아이가 어른을 만나면 인사하다

어머니가 아이에게 어른을 만나면 인사하게 해요.

(1) 감독 / 선수들이 연습을 더 하다

(2) 사장님 / 직원들이 1년에 한 번씩 건강검진을 받다

제30과 모아 둔 돈이 많지 않아요

(3) 어머니 / 제가 어릴 때부터 제 방을 청소하다

(4) 선생님 / 학생들이 교실에서 휴대전화를 사용하지 못하다

(5) 경찰 / 운전자가 길에 자동차를 주차하지 못하다

4

보기

오토바이를 탈 때는 헬멧을 꼭 쓰다

가 : 오토바이는 빨라서 위험한 것 같아요.
나 : 오토바이를 탈 때는 헬멧을 꼭 쓰게 하세요.

(1) 내일부터 제시간에 오다

학생들이 점점 학교에 늦게 오고 있어요.

(2) 날마다 30분씩 산책하시다

할머니께서 요즘 다리에 힘이 없다고 해요.

(3) 건강에 안 좋으니까 음식을 골고루 먹다

아들이 자기가 좋아하는 것만 먹어서 걱정이에요.

(4) 학생에게 날마다 읽기 연습을 하다

발음이 좋지 않을 때 어떻게 지도하면 좋을까요?

(5) 메모하는 습관을 갖다

친구가 건망증이 심해서 약속을 자꾸 잊어버려요.

단어 生词

- 구급약 急救药
- 약통 药箱
- 액자 相框, 镜框
- 저금하다 存钱, 储蓄
- 창고 仓库
- 상자 箱子
- 연애편지 情书
- 일기장 日记本
- 기록하다 记录
- 사춘기 青春期
- 시절 时节, 时代
- 건강검진 健康检查
- 헬멧 头盔, 安全帽
- 힘 力气
- 골고루 平均, 均匀
- 지도하다 指导
- 습관 习惯
- 건망증 健忘症
- 심하다 严重

한국 문화 엿보기　了解韩国文化

彩礼

　　彩礼是指结婚用品和结婚费用。包括生活上的必需品，以及新郎新娘双方为表示礼仪互相赠送的礼单，即礼物。

　　在韩国，一般由新郎一方买房子，新娘一方准备生活上需要的器具、家具或家电用品，厨房用具等。详细的清单随着时代的发展有所不同。

　　双方互相交换象征夫妇之间的爱情与长寿、多子的物品。传统上，新娘一方会送绸缎、韩服、被子和餐具等。新郎一方会送韩服、金戒指和用金子做的装饰物，上面刻有象征长寿、和睦和爱情的鸟或动物。

　　但是随着时代和流行的变化，近来，新郎送给新娘正装、饰品、化妆品、包和鞋等。新娘送给新郎西装、皮鞋、包等。并且也互相送给对方的家人一些需要的东西做礼物。具有更加实用性的价值观的人，这时会省略这些，只互送几种必需的物品，现在用现金代替的现象也正在逐渐增多。

제 고민을 해결해 주세요

각각 고민이 쓰여 있는 카드를 1장 씩 고릅니다. 자신이 갖고 있는 카드의 고민을 말하면 다른 사람들은 듣고 자기의 생각을 말합니다.

每人选择一张写有烦恼的卡片。分别念出自己所持卡片上的烦恼，其他人听后并发表意见。

1) 지난주 입사 시험을 보고 회사 두 곳에 합격을 했습니다. 한 곳은 대기업 판매부인데 월급은 많지만 제가 하고 싶던 일이 아닙니다. 다른 곳은 좀 작은 회사지만 제가 원하던 디자인에 관한 일을 하는 곳입니다. 그러나 월급은 대기업보다 훨씬 적습니다. 제가 어디서 일하는 것이 좋을까요?

2)

부모님 집에서 회사까지 좀 멀어서 혼자 회사 근처로 이사를 갈까 하고 생각 중입니다. 그렇지만 돈이 많이 들고 날마다 빨래, 청소, 식사 준비를 스스로 해야 해서 조금 걱정이 됩니다. 어떻게 해야 할까요?

3) 우리 부부는 둘 다 직장에 다니면서 5살짜리 딸을 하나 키우고 있습니다. 남편은 딸이 혼자라서 외로우니까 빨리 동생을 낳자고 하지만 저는 양육비나 교육비가 너무 많이 드니까 하나만 낳아서 잘 키우고 싶습니다. 여러분은 어떻게 생각하세요?

4) 저는 20년 동안 혼자서 아들을 키웠습니다. 그 아들이 다음 달에 결혼을 합니다. 아들이 결혼하게 되어서 기쁘지만 저는 지금까지 아들과 떨어져 살아 본 일이 없어서 결혼을 하면 어떻게 해야 할지 고민입니다. 제가 어떻게 하는 것이 좋겠습니까?

5) 내 친구 중에 '명품족'이 있습니다. 그 친구는 부자가 아닌데도 월급을 모아 명품 가방이나 유명 브랜드의 옷을 자주 삽니다. 나도 가끔 친구처럼 명품 가방이나 옷을 사고 싶지만 '그렇게 비싼 값을 주고 그런 물건을 사야 하나?'하고 고민을 할 때가 있습니다. 여러분의 생각은 어떻습니까?

附 录

- 答案
- 听力原文
- 阅读翻译
- 单词索引
- 语法索引

答案

1과
<읽기>
1 저의 입사 기념 회식이었습니다.
2 2차로 노래방에 갔습니다.
3 ① 스트레스를 풀 수 있습니다.
　② 회사에서 생긴 문제를 풀 수 있습니다.
　③ 서로 더 가까워질 수 있습니다.

2과
<듣기>
1 (1) 남자 - 출장　여자 - 업무
　(2) ③
2 쉰다고, 아프다고, 있다고, 감기라고,
　나온다고, 전화하겠다고
3 (1) X　(2) O　(3) X　(4) O　(5) X

4과
<읽기>
1 도심코스, 고궁코스, 야간코스가 있습니다.
2 ④

5과
<듣기>
1 (1) A　(2) C　(3) D
2 (1) ③　(2) ①
3 ④

7과
<읽기>
1 순양 - 한국의 응원 문화
　매튜 - 한국에 가족 모임이 많은 것
2 (1) O　(2) X　(3) O　(4) X　(5) O　(6) X

8과
<듣기>
1 ②
2 ③

3 (1) O　(2) X　(3) O　(4) X　(5) O
4 (1) ③　(2) ④

10과
<읽기>
1 ② → ④ → ① → ③
2 반대로 행동하는 사람입니다.

11과
<듣기>
1 ②
2 (1) ④　(2) ③　(3) ④　(4) ①
3 (1) 누구나 건강하게 살기를 바라니까 관심을 갖습니다.
　(2) ① 매일 공부를 합니다.
　　② 음식을 조금씩 자주 먹고 빨리 먹지 않습니다.
　　③ 낮잠을 하루 15분 이내로 잡니다.
　　④ 아침을 꼭 먹습니다.
　　⑤ 자주 스트레칭을 합니다.
　　⑥ 잘 때에는 오른쪽 옆으로 누워서 잡니다.

13과
<읽기>
1 복날은 여름 중 가장 더운 날입니다. 초복, 중복, 말복 3번 있습니다.
2 더울 때 뜨거운 음식을 먹고 추울 때 차가운 음식을 먹는 것입니다.

14과
<듣기>
1 ①
2 ③
3 ③

16과
<읽기>
1 ③, ⑤
2 ③

17과

<듣기>

1 (1) 수업 신청
  (2) 분반시험
  (3) 신청마감일
2 (1) ① (2) ④ (3) ③
3 ③

19과

<읽기>

1 ③

20과

<듣기>

1 (1) ④ (2) ②
2 (1) ② (2) ①
3 (1) O (2) X (3) O (4) X

22과

<읽기>

1 빨대 / 빨래
2 남자 친구가 생겼냐고 / 못 생겼다고

23과

<듣기>

1 (1) 차들이 너무 빨리 달려서
  (2) ③
2 (1) ④
  (2) ①, ④
3 (1) ② → ① → ④ → ③
  (2) ③

25과

<읽기>

1

	첫 번째 집	두 번째 집
장점	깨끗하고 가격이 싸다	지하철역에서 가깝고 앞에 공원이 있다.
단점	지하철역에서 멀다	값이 비싸다

26과

<듣기>

1 (1) ④ (2) ①
2 (1) ④
  (2) 주차장이 편하고 관리실에서 집 관리를 해 주니까 좋습니다.

28과

<읽기>

1 더 나은 선택을 하기 위해서 고민을 합니다.
2 좋은 정보를 많이 알고 있어야 합니다.
  선택을 한 후에는 후회하지 말아야 합니다.

29과

<듣기>

1 (1) ③
  (2) 남자보다는 자기 자신한테 더 신경을 쓰면서 사는 스타일
2 (1) ① O ② X ③ O ④ O ⑤ X
  (2) 공부가 저한테 맞지 않아서 힘들었습니다.

听力原文

2과

1 듣고 질문에 대답하십시오.

(1)
남자 : 다음 주 수요일부터 금요일까지 울산에 가게 됐어요. 거래처 2곳과 회의가 있고 1곳에서는 광고 내용 발표도 해야 되거든요. 울산은 처음 가는 거라서 구경도 좀 하고 싶은데 그럴 시간이 없을 것 같아요.
여자 : 제가 회사에서 하는 일은 자료를 조사하고 만드는 일이에요. 회의 자료를 작성해서 보고서를 만드는데 그러니까 컴퓨터로 일을 하는 시간이 많습니다.

(2)
여자 : 언제부터 일을 시작하실 수 있으세요?
남자 : 지금 다니고 있는 회사 일을 정리해야 하니까 2주 후부터 일할 수 있을 것 같은데요.
여자 : 그럼 오늘이 15일이니까 다음 달부터 출근하기로 합시다.

2 듣고 빈칸에 쓰십시오.

가 : 김 과장님 오늘 안 나왔어요?
나 : 몸이 좀 안 좋아서 오늘 (쉰다고) 하셨어요.
가 : 어디가 (아프다고) 해요?
나 : 배도 아프고 열도 (있다고) 하세요.
가 : 인플루엔자라고 해요?
나 : 인플루엔자는 아니고 그냥 (감기라고) 했는데…….
가 : 그럼 내일도 못 (나온다고) 해요?
나 : 오늘 병원에 가 보고 오후에 다시 (전화하겠다고) 하셨어요.

3 듣고 맞으면 O, 틀리면 X 하십시오.

저는 운동을 아주 좋아해서 매일 저녁 헬스클럽에서 운동을 했습니다. 집 근처에 헬스클럽이 있는데 값도 싸고 코치 선생님도 좋다고 해서 1년 전부터 시작하게 됐습니다. 운동을 한 후에 몸도 건강해지고 생활도 즐거워졌습니다. 그런데 두 달 전부터 이렇게 좋아하는 운동을 날마다 하지 못하게 됐습니다. 제가 회사에 다니기 시작했거든요. 회사 업무도 많고 일이 끝난 후에는 동료와 술 한잔할 때도 가끔 있어서 저녁에 운동을 하는 것이 어려워졌습니다. 그래서 앞으로는 저녁이 아니라 아침 일찍 운동을 하려고 합니다. 아침에 일찍 일어나는 것이 쉬운 일은 아니지만 건강은 중요한 것이니까요.

5과

1 듣고 이 사람들이 설명하는 곳을 쓰십시오.

(1) 3번 출구로 나가셔서 똑바로 가다가 횡단보도를 건너면 바로 극장이 있어요.
(2) 4번 출구로 나가셔서 똑바로 가다가 두 번째 삼거리에서 왼쪽으로 도시면 오른쪽이 공원입구예요.
(3) 식당 앞에서 길을 건너면 옷가게가 있는데 여기에서 주유소 쪽으로 가다가 사거리에서 왼쪽으로 돌면 꽃집이 있어요.

2 듣고 이어지는 대답을 고르십시오.

(1)
가 : 아저씨 제가 좀 늦어서 그러는데요. 좀 빨리 가 주시겠어요?
나 : 그럼 시청 쪽으로 해서 갈까요?
가 : 시청보다 남대문 쪽으로 해서 가는 게 빠르지 않을까요?

(2)
가 : 부산까지 KTX 타 보셨어요?
나 : 네, 값이 좀 비싸기는 한데 정말 빨랐어요.
가 : 친구가 다음주에 KTX로 부산에 가자고 하는데 얼마나 걸려요?

3 무엇에 대한 방송입니까?

어제부터 내린 눈 때문에 오늘 아침 출근길은 아주 복잡합니다. 지금 보고 계신 곳은 올림픽대로인데요, 30분 전에 사고도 있었고 길이 미끄러워 차들이 거의 가지 못하고 있습니다. 출근하시는 분들은 가능하면 버스나 지하철을 이용하시는 것이 좋겠습니다.

8과

1 듣고 맞는 그림을 고르십시오.
가 : 어, 저기 자리가 있네요. 우리 저기 가서 앉읍시다.
나 : 노약자석 말이에요? 저기는 노인들이나 임산부들이 앉는 자리예요.
가 : 아! 그래서 사람들이 앉지 않는군요.

2 듣고 맞는 것을 고르십시오.
남자 : 이 된장찌개 정말 맛있네요. 무슨 된장으로 끓인 거예요?
여자 : 어머니 집에서 가지고 온 된장인데요, 어머니께서 직접 담그신 거예요.
남자 : 그럼 민아 씨도 된장 담글 줄 알아요?
여자 : 어머니하고 같이 담가 보기는 했는데 혼자서 해 본 적은 없어요.

3 듣고 맞으면 O, 틀리면 X 하십시오.
남자 : 이천에서 도자기 축제를 한다고 하는데 저랑 같이 가 보시겠어요?
여자 : 네, 좋아요. 저도 도자기에 대해서 관심이 있어서 가 보고 싶었어요.
남자 : 도자기를 살 수도 있고 직접 만들어 볼 수 있는 데도 있대요.
여자 : 그리고 이천에 유명한 음식이 있다고 들었는데……
남자 : 아! '쌀밥' 말이에요? 맞아요. 맛있는 쌀밥에 여러 가지 반찬이 많이 나오는데도 값은 싸대요.
여자 : 그럼 도자기 페스티발 보고 돌아오는 길에 맛있는 '쌀밥'도 먹고 옵시다.

4 듣고 질문에 대답하십시오.
창덕궁에 가시려면 인터넷으로 예약을 하시는 것이 편리합니다. 인터넷 예약은 회원 가입을 하지 않고 이름과 휴대폰 번호만으로 가능하니까 누구든지 쉽게 예약하실 있습니다. 한 사람이 10명까지 예약할 수 있고 원하는 시간 10분 전까지 입장권을 구입하셔야 합니다. 한국어, 영어, 일어, 중국어로 안내해 주니까 홈페이지에서 시간을 확인하십시오. 요금은 7세-18세까지는 2,500원, 19세 이상은 5,000원입니다. 구경하는 데는 2시간쯤 걸립니다.

11과

1 듣고 맞는 그림을 고르십시오.
여의사 : 검사를 먼저 받아 보세요. 검사 결과에 따라 수술을 하게 될 수도 있습니다.
남 자 : 수술이요? 수술을 하려면 입원을 해야 하나요?
여의사 : 아니요, 간단한 수술이니까 입원은 안 하셔도 됩니다.
남 자 : 검사를 받으려면 뭘 해야 하나요?
여의사 : 밖에 나가시면 간호사가 가르쳐 줄 거예요.

2 듣고 이 사람이 가야할 병원을 고르십시오.
(1)
어제부터 오른쪽 눈이 약간 빨개지고 아팠습니다. 자고 나면 괜찮아질 거라고 생각했는데 아침에 일어나 보니까 눈이 붓고 더 많이 빨개졌습니다.

(2)
요즘 음식을 먹으면 소화가 잘 안 되고 늘 속이 답답합니다. 소화제를 먹었는데도 좋아지지 않아서 병원에 가서 검사를 받아 보려고 합니다.

(3)
며칠 전부터 목이 아파 가지고 약을 먹고 있었습니다. 의사 선생님이 말하지 말라고 하셔서 조심하기는 했는데 오후부터 목소리가 나오지 않습니다.

(4)
유치원에 다니는 우리 딸이 기침을 하고 열도 납니다. 요즘 감기가 유행이라고 하는데 오늘은 유치원에 보내지 않고 병원에 데리고 가려고 합니다.

3 듣고 질문에 대답하십시오.
건강하게 사는 것은 누구나 바라는 것이다. 그래서 사람들은 건강에 대한 글들을 보면 관심을 갖게 된다. 다음은 인터넷에서 본 건강해지는 생활 습관이다. 매일 공부를 하고 음식은 조금씩 자주 먹고 빨리 먹지 말라고 한다. 낮잠을 자는 게 좋다고 하는데 많이 자는 것보다 15분 이내로 자라고 한다. 아침을 꼭 먹으라고 한다. 자주 스트레칭을 하고 잘 때에는 오른쪽 옆으로 누워 자라고 한다.

14과

1 듣고 맞는 그림을 고르십시오.

남자 : 차가 더러웠는데 세차를 하니까 기분이 좋네요.
여자 : 내일 비가 온다고 했는데 모르셨어요?
남자 : 오늘 날씨가 이렇게 좋은데 내일 비가 온다고요?
여자 : 네, 아까 뉴스에서 들었어요.

2 듣고 내용과 맞는 것을 고르십시오.

　오늘은 최저기온이 영하로 내려가지 않는다고 신문에서 봤는데 바람도 많이 불고 구름이 많이 끼어서 그런지 날씨가 춥고 겨울 같습니다. 내일은 기온이 영하로 내려가고 밤에는 비가 아니라 눈까지 조금 내릴 거라고 합니다. 한국에서는 3월인데도 날씨가 따뜻하지 않습니다.

3 듣고 내용과 관계없는 것을 고르십시오.

　여행이나 등산을 갈 계획이 있는 사람들은 날씨를 알고 싶어서 일기예보를 보게 됩니다. 또 배를 타거나 비행기를 탈 사람들도 날씨를 알고 싶어합니다. 배는 바람이 많이 불면 가지 않고 비행기는 안개가 많이 끼면 출발할 수 없기 때문입니다. 이런 것에서부터 빨래나 외출, 입을 옷 등 작은 문제들을 결정할 때에도 날씨를 생각하게 됩니다. 이렇게 날씨는 우리 생활과 많은 관계를 가지고 있습니다. 그래서 그런지 요즘의 일기예보는 날씨만 말해 주는 것이 아니라 생활에 대한 정보까지 친절하게 말해 줍니다.

17과

1 듣고 관계가 있는 단어를 보기 에서 골라 쓰십시오.

(1)
　금년에는 외국어 공부를 시작하기로 했기 때문에 회사 근처에 있는 학원에 가서 무슨 수업이 있는지 알아봤다. 나에게 맞는 수업을 결정한 후에 신청서도 쓰고 수업료도 냈다. 수업은 다음 달 1일부터 시작된다.

(2)
　말하기 시험하고 쓰기 시험을 봤다. 쓰기 시험을 볼 때 앞에 있는 문제들은 잘 쓸 수 있었지만 뒤에 있는 문제들은 어려웠다. 말하기 시험은 긴장돼서 잘 볼 수 없었다. 이 시험의 결과에 따라서 내가 공부할 반이 결정된다고 하셨다.

(3)
　5월에 공부하실 분들은 4월 25일까지 신청을 해 주십시오. 이날까지 분반시험을 보고 수업료를 내야 합니다. 이날까지만 5월 수업 신청을 받으니까 날짜를 잘 지켜 주십시오.

2 듣고 이어지는 대답을 고르십시오.

(1)
남자 : 이번 주말에 뭐 할 거야?
여자 : 보고 싶은 영화가 있어서 그걸 보러 가려고 해.
남자 : 나도 영화를 보고 싶은데 같이 갈까?

(2)
여자 : 학기말 시험을 언제 본대요?
남자 : 보통 12월 초에 보는데, 이번에는 시험 대신에 보고서를 내라고 하셨어요.
여자 : 무슨 보고서요?
남자 : 여기 있는 책 5권을 읽고 그것에 대한 생각을 쓰는 거예요.

(3)
남자 : 이게 무슨 사진이니?
여자 : 학교 친구들하고 놀러 가서 찍은 사진이야.
남자 : 이분은 선생님이야?

3 무엇에 대한 글입니까?

　전에는 학생들이 점심시간에 집에서 싸 온 도시락을 먹었다. 그러나 요즘에는 학교에서 학생들의 점심을 준다. 이것을 급식이라고 한다. 학생들이 학교 급식을 먹고 난 후로 아침마다 도시락을 준비하는 어머니들이 편해졌을 뿐만 아니라 학생들의 가방이 가벼워졌다. 또한 전문 영양사가 음식을 준비하니까 건강에 좋은 여러 가지 음식을 먹을 수 있게 되었다.

20과

1 질문을 듣고 맞지 않는 대답을 고르십시오.

(1) 에어컨이 오래 돼서 고장이 났는데 새로 살까요?
(2) 오늘 은행에 사람이 많아서 좀 기다리셔야 하는데 괜찮으세요?

2 듣고 질문에 대답하십시오.

(1)
공기가 건조하면 감기에 잘 걸린다는 연구 보고가 있었습니다. 난방으로 실내가 건조해지는 겨울에 특히 나이가 많은 노인이나 아기가 있는 가정에서는 이걸 준비하는 것이 좋겠습니다.

(2)
나는 혼자 사는 35세의 남성이다. 요리를 좋아해서 요리를 자주 하는데, 설거지하기는 정말 싫다. 그릇을 깨끗하게 씻기도 어려울 뿐만 아니라 가끔 깨기도 한다. 어떤 사람들은 요리보다 설거지가 낫다고 하는데 나는 그렇지 않다.

3 듣고 맞으면 O, 틀리면 X 하십시오.
현대 사회의 사람들 생활에서 기계가 사용되지 않는 경우가 별로 없다. 기계와 함께 살고 있다고 해도 좋을 것이다. 기계를 사용하고 나서 사람들의 생활은 편해지고 빨라졌다. 일단 기계가 주는 편리함을 알게 되면 기계를 사용하지 않는 이전의 생활로 돌아가기는 어려워진다.

23과

1 듣고 질문에 대답하십시오.
여자 : 고속도로는 차들이 너무 빨리 달려서 왠지 운전하기가 무서워요.
남자 : 저도 출장을 갈 때 고속도로를 자주 이용하는데 그때마다 늘 불안해요.
여자 : 그래서 저는 고속도로에서 운전할 때는 제일 먼저 안전벨트부터 매요. 그러면 조금 안심이 되는 것 같아요.
남자 : 저도 그래요. 어떤 사람은 답답하다고 매지 않는 경우도 있는데 그건 정말 위험하다고 생각해요. 고속도로에서 안전하게 가기 위해 우리가 지켜야 할 가장 중요한 것은 안전벨트를 꼭 매는 거예요.

2 듣고 질문에 대답하십시오.
여러분은 운전하고 있을 때 가지고 있던 휴대폰이 울리면 어떻게 합니까? 운전하면서 그냥 휴대폰을 받는 사람도 있을 텐데 이런 경우도 음주운전이나 졸음운전과 같이 사고의 위험이 아주 높다고 합니다. 이럴 때는 여러분의 안전을 위해서 꼭 차를 길옆에 세우고 전화를 받으십시오.

3 듣고 질문에 대답하십시오.
여자1 : 요즘 건망증이 심해져서 큰일이에요. 날마다 깜빡 깜빡해요. 어제는 냉장고 문을 열었는데 왜 열었는지 생각이 안 나서 열었던 문을 그냥 닫았어요. 닫으니까 그때 생각이 났어요.
여자2 : 저도 건망증 때문에 며칠 전에 하던 요리를 다 태웠어요.
여자1 : 정말요?
여자2 : 네, 가스레인지에서 야채와 고기를 요리하는데 도중에 세탁기에서 빨래가 다 됐다는 멜로디가 들렸어요.
여자1 : 그래서요?
여자2 : 빨래를 가지고 베란다에 나갔다 들어오니까 집안에 연기가 꽉 찼어요. 깜짝 놀라서 보니까 불 위에 있던 프라이팬에서 연기가 나는 거예요.
여자1 : 그래서 어떻게 하셨어요?
여자2 : 마음이 급해서 프라이팬을 싱크대 안에 있는 물에 넣었어요. 그러니까 시끄러운 소리를 내면서 연기가 더 났어요.
여자1 : 그럴 때는 온도가 낮아질 때까지 그냥 두는 게 좋아요.
여자2 : 맞아요. 어쨌든 그 이후로는 다른 일 할 때 가스 불 위에 뭔가 올려놓지 않는 습관이 생겼어요.
여자1 : 건망증 덕분에 좋은 습관이 생겼군요.

26과

1 무엇에 대한 설명입니까? 듣고 맞는 것을 고르십시오.

(1)
여기에 쌀을 씻어서 넣습니다. 쌀 말고도 보리나 콩도 넣습니다. 물을 넣고 30~40분쯤 기다리면 먹을 수 있습니다. 뚜껑을 열 때 뜨거우니까 조심하십시오.

(2)
요리할 때 꼭 필요합니다. 이것이 없으면 채소나 과일, 고기를 작게 자를 수 없습니다. 위험하니까 사용할 때 조심들 해야 합니다. 저도 가끔 이것을 가지고 요리하다가 손가락을 다친 일이 있습니다.

2 듣고 질문에 대답하십시오.
   남자 : 주택에서 살다가 아파트로 이사 오니까 어때요?
   여자 : 주택에 비해서 여러 가지가 편한 것 같아요. 특히 주차장이 편하고 집 관리도 관리실에서 해 주니까 직접 안 해도 되고.
   남자 : 그래도 주택이 좋은 점도 있잖아요.
   여자 : 맞아요. 아파트가 편하기는 하지만 재미가 없어요. 주택에는 마당이 있으니까 상추나 깻잎, 오이, 고추 등을 키워서 먹었는데 아파트에서는 그럴 수도 없거든요.
   남자 : 아니에요. 요즘 아파트에서도 베란다에 큰 화분을 놓고 채소를 키워 먹는 사람도 있어요. 한번 해 보세요.
   여자 : 그래요? 저도 당장 마트에 가서 화분이랑 필요한 것들을 사야겠네요.

29과

1 듣고 질문에 대답하십시오.
   남자 : 요즘 '골드미스'란 말이 있는데 정확히 무슨 뜻이에요?
   여자 : 골드미스요? 나이가 좀 많지만 얼굴도 괜찮고 무엇보다 좋은 직장을 가지고 있는 결혼하지 않은 커리어우먼을 말해요.
   남자 : 아, 그래서 올드미스가 아니고 골드미스군요.
   여자 : 네. 제 친구 중에도 골드미스가 한 명 있어요.
   남자 : 그래요? 그 친구는 왜 결혼을 하지 않았어요?
   여자 : 잘 모르지만 남자한테 별로 관심이 없어 보여요. 남자보다는 자기 자신한테 더 신경을 쓰면서 사는 스타일이거든요.
   남자 : 남자나 여자나 요즘 그런 사람이 많다고 들었어요.
   여자 : 저는 그렇게 사는 것이 정말 좋다면 꼭 결혼할 필요는 없다고 생각해요.

2 듣고 질문에 대답하십시오.
   저는 법과 대학에 다니는 학생입니다. 이제 곧 졸업을 합니다. 그런데 요즘 제 미래에 대해서 생각이 많습니다. 왜냐하면 제가 정말 하고 싶은 것은 미술 공부이기 때문입니다.

   저는 어렸을 때부터 그림을 잘 그렸습니다. 그림을 그릴 때가 가장 행복했습니다. 그림을 그리는 동안에 미래에 대한 꿈을 꾸었고, 그림 속에 나오는 사람, 동물, 식물들과 친구가 되어 함께 이야기하면서 즐거워했습니다. 그러나 부모님은 제가 변호사가 되기를 바라셨고, 저는 부모님의 뜻에 따라 법과 대학에 들어갔지만 공부가 저한테 맞지 않아 4년 동안 힘들었습니다.

   이제는 더 늦기 전에 제가 정말 원하는 것을 하고 싶습니다. 그래서 졸업하는 대로 미술공부를 위해 프랑스 파리로 유학을 가려고 합니다. 비행기 표도 사 두었습니다. 이제 부모님께 말씀을 드려야 하는데 큰 용기가 필요한 것 같습니다.

阅读翻译

1과

聚餐

上周五晚上我们部门举行了聚餐。我们公司一两个月就会举行一次聚餐，但这次是为了庆祝我加入公司。

下班后在公司附近的烤肉店吃了晚饭，还喝了烧酒。吃饭时，我们谈了许多关于业务上的话题，大家还问了许多关于我的问题，聊了各种各样的话题，也听到了许多他人的私事。就这样一边喝酒，一边说韩语，我的韩语好像说得更好了。

吃完饭，第2轮聚餐，我们去了KTV。我不会唱韩国歌，所以唱了欧美流行歌曲。其他人有的唱了自己喜欢的歌曲，有的唱了最近流行的歌曲，唱快歌时还会跳舞。像这样跟部门里的人一起吃饭喝酒，在融洽的氛围中，上司、同事、下属之间能够以舒适放松的心情聊天，互相之间好像变得更亲近了。

聚餐不仅能够释放工作带来的压力，它也是解决在公司内产生的问题的好时机。要是经常有这样的聚餐机会就好了。

4과

首尔市区观光巴士

各位，你们知道在每年有600万游客访问的首尔有市区观光巴士吗？上个月我父母来首尔时，我第一次乘坐首尔市区观光巴士。旅行非常舒适愉快，所以想介绍给各位。

市区观光巴士有从光化门出发的市中心路线，古宫路线，夜间路线。喜欢购物的人可以选择市中心路线，对韩国历史感兴趣的人可以选择古宫路线，想观赏汉江和首尔夜景的人可以选择夜间路线。

出发地点是光化门。乘坐之后可以在自己喜欢的地方下车观光。在下车的地方可以免费乘坐下一辆巴士。运行时间为上午9点到下午9点，时间很充裕，可以尽情参观。

巴士的每一个座位上都有用来观看和收听的耳机和显示器，通过这些可以看到关于景点的介绍和信息，并提供韩语、英语、日语、汉语四种语言服务。车上还有会外语的导游，从他那里可以得到帮助。

我选择了市中心路线，和父母一起参观了首尔有名的景点和购物中心。从上午10点到下午6点，共参观了5个地方，并在市内吃了美味的午餐。下次打算跟朋友一起坐一下夜间路线。啊，对了，首尔市区观光巴士星期一不运行。

7과

有趣的韩国文化

来自中国的孙阳

世界杯每4年举行一次，举行世界杯的6月的首尔可了不得。

市厅前，韩国综合贸易中心，汉江公园等只要是人们能够聚集的地方，无论是哪儿都能看见身穿红色体恤衫，手持助威道具的韩国助威团。

"大韩民国，啪啪啪！啪啪！" "噢！必胜！韩国！"

源于世界杯的韩国国民助威文化，现在不仅仅局限于世界杯，当有重要的韩国队的比赛时，无论何时都可以看到。家人、恋人、朋友聚在一起，大声呼喊着大韩民国来助威，而且在助威的地方很容易发现外国人的身影。虽然彼此并不相识，但所有人都成为了朋友，成为了一体。这种韩国的助威文化正感动着世界人民。

来自英国的马修

我是英国人，3年前跟随在英国认识的韩国女友一起来到了韩国。现在已与女友结婚并在韩国工作了。

以前在英国时，我就对韩国很感兴趣，读了许多关于韩国的书，还努力学习了韩语。所以自认为很了解韩国。但是在这儿生活之后真的学到了许多新的东西。

最让我感到惊讶的是，与英国相比韩国的家庭聚会要更多。节日、祭祀、结婚仪式、生日等等，一年中大型的家庭聚会有十多次。在包括亲戚也参加的聚会上，虽然互相之间都会打招呼，但有时候都不知道谁是谁。

相反，在英国，除了圣诞节之外，几乎没有大型的家庭聚会。即使聚会，也只是很亲密的家人参加。

像这样的大型家庭聚会，是一种能够与其他人变得更亲近的机会，虽然很好，但由于太过于频繁，对于还不太适应的我来说，有时觉得很累。

10과

青蛙

从前生活着一家青蛙。可是，青蛙兄弟不听妈妈的话。

如果青蛙妈妈说外面正刮风，天气不好，就在家里玩吧，青蛙兄弟就会说"不要，我们要出去玩。"说完就跑出去了。有一天，下了很大的雨，到处都发了洪水。青蛙妈妈说水多的地方有蜥蜴，去了的话会有危险。听了这话，青蛙兄弟说道"我们要去看看蜥蜴长什么样。"就又跑出去了。

阅读翻译 **265**

就这样，因为无时无刻都在担心总是反着行事的青蛙兄弟，青蛙妈妈生病了。虽然吃了药，但也不见好转，青蛙妈妈的健康逐渐地恶化了。

青蛙妈妈想要死后被埋在山上，所以叫来了青蛙兄弟，对他们说"妈妈死后不要埋在山上，要埋在江边。"说完之后，青蛙妈妈就永远地闭上了眼睛。

直到这时才认识到自己错误的青蛙兄弟说"我们以前总是不听妈妈的话，总是按妈妈说的相反的做，这次我们就听妈妈的话吧。"于是没有把妈妈埋在山上，而是埋在了江边。

所以据说直到现在，每到下雨的日子，青蛙总是担心埋在江边的妈妈的坟墓被水冲走而伤心地哭叫。

13과

夏季参鸡汤，冬季冷面

韩部长：今天是伏天，大家一起去吃参鸡汤吧。

秀　智：部长，伏天是什么日子啊？

韩部长：夏天中最热的日子称为伏，分为初伏、中伏、末伏，整个夏天共有三伏。

秀　智：那怎么知道哪天是伏天呢？

韩部长：月历上有，媒体上也会有很多伏天的内容，所以很容易就知道了。

秀　智：但是伏天为什么要吃参鸡汤呢？天气热死了，还吃那么烫的参鸡汤，好像有点儿奇怪啊。

韩部长：这是因为（韩国人）认为天气炎热时，吃热的食物会出汗，这样身体就会变得凉快了。

秀　智：吃热的东西会变凉快？真有意思。

韩部长：那么秀智，你觉得冷面是什么季节吃的食物呢？

秀　智：我在炎热的夏天经常吃。

韩部长：虽然近来与季节无关，什么时候都能吃到冷面，但是原来冷面是冬天才吃的食物。

秀　智：冷面是冬天的食物？我还是第一次听说啊。热的时候吃热的食物，冷的时候吃凉的食物，我还真是有点不能理解啊。

韩部长：秀智，今天中午尝尝参鸡汤，自己感受一下是不是这样。

16과

毕业生答词

3年前，有一名刚进入韩率高中的学生。在这里，我遇到了严厉的班主任老师和梳着短发的朋友们，由此开始了我的高中生活。曾经那个一发生问题就说讨厌去上学，让父母和老师操心的我，现在为了毕业站在了这里。

曾经，对于所谓的毕业，我并没有什么特别的感觉。因为我觉得那好像是一个永远都不会到来的时刻。但是今天，是我们最后一次集体身着韩率高中的校服聚在一起。如今已到与度过3年学习时光的教室，亲爱的老师和同学们分离的时间了。

3年来教授了我们许多的老师，一直爱着我们的父母，谢谢你们！正是由于老师和父母的付出，才有今天能够站在这里的我们。

师弟师妹们！现在我们要离开了，请各位替我们把我们的学校建设得更好，成为比我们更优秀的学生。

现在我们毕业，即将迈向新的一步。

虽然以后会在不同的地方，但我们不会忘记韩率高中。因为在这里我们度过了这一生都不会再来的幸福的3年时间。谢谢。

毕业生代表 郑民俊

19과

新鲜电冰箱说明书

가나电子家族的各位！非常感谢您使用新鲜电冰箱。

使用前请务必阅读说明书，按照说明，安全使用。

冰箱不要紧贴墙壁，请按图摆放。如果紧贴墙壁，会降低性能，并增加电费。

请不要把烫的食物直接放入冰箱，请等到完全变凉后放入。如果把烫的食物直接放入冰箱，冰箱内温度会升高，不利于冷藏。

请不要把瓶子放入冷冻室保管。

食品之间请保持适当距离，这样有利于冷藏并节省电费。

请不要放入低温下易腐败的食品。

清洁冰箱时，请首先切断电源，取出冰箱内的食物后，用柔软的毛巾擦拭。

产品使用过程中发生故障时，自购买日起1年内免费维修。服务电话全国各地都为1588-8282。

22과

相似但差别巨大的韩语

来韩国已经4年了，时间过得真快啊。

这期间多亏我努力学习了韩语，在某种程度上会说了，但是最开始时还是犯了许多像白痴一样的错误。

吸管？洗衣服？

我喝可乐或汽水时一定要用吸管。那天也是因为口渴，去学校的路上顺便去便利店买了饮料。结账后我向打工生要收银台旁边放着的吸管……
啊~~~结果我说成了"请给我洗衣服" ㅠㅠ
我怎么能去便利店要人洗衣服呢？ㅋㅋ

有男朋友了？男朋友长得很帅？
有一天，一位很久没见的师兄问我：
"你变漂亮了啊。有男朋友了？"
我回答道"不，长得不好看。ㅠㅠ"
捧腹大笑的师兄……啊~~~我那白痴一样的韩语。

25과

租房

客　　　人：我来看看房子。
房地产老板：您要买吗？还是想看一下传贳房或者月租房？
客　　　人：我想看看20坪米左右的公寓，要传贳房。
房地产老板：20坪米的公寓的话……这个怎么样？现在房主正住着，不久前刚修整过，很干净，价格也不错。
客　　　人：到地铁站要多长时间？
房地产老板：步行的话有点儿远，公寓前每10分钟有一趟居民区小公交车，坐车的话大概10分钟。
客　　　人：没有其他的可以步行到地铁站的公寓吗？
房地产老板：那这个怎么样？距地铁站步行5分钟左右，公寓前还有公园，但是价格有点儿贵。
客　　　人：现在这两个房子都能让我看看吗？
房地产老板：有一个房主正住着，应该可以。另一个现在别人正住着，得先打个电话问问。

（看过房子之后）

房地产老板：怎么样？想什么时候搬家呢？
客　　　人：我现在住的房子到3月5号要空出来，所以最好是3月4号或5号搬家。

28과

苦恼与选择

"人生就是数不清的烦恼和选择"，正如这句话所说，我们面前有许多的苦恼和选择。从这次旅行去哪儿？午饭吃炸酱面还是海鲜面？这样微小的苦恼，到应该跟这个人结婚吗？选择哪种职业比较好？这样能够左右我们人生的大苦恼，所有人在面临选择时都会陷入苦恼。
但是，为什么我们从小事到大事要一一苦恼呢？这可能是为了做出更好的选择。那么为了做出更好的选择，我们该怎么办呢？

首先，应该多了解最佳信息。从书籍，报纸，或从比我们拥有更丰富人生经验的人的故事中，我们可以得到许多有益信息。不要只是坐在书桌前苦恼，而是要多读书看报，走出去与人交流。由此而得来的信息会在各位面临选择时提供巨大的帮助。
其次，做出选择之后不后悔。如果因为遇到困难就觉得后悔而放弃的话，那么各位之前所做的选择就变成了不好的选择。最重要的是，对自己所做的选择尽全力去完成。
做出选择之前多做苦恼，选择之后就不要再苦恼，如果竭尽所能的去做，无论最后结果怎样，之前所做的选择都会成为好的选择。
现在各位面临着苦恼吗？各位又面临着怎样的选择呢？

单词索引

가

가격표	174p	20과
가구	159p	18과
가난하다	197p	23과
가능하다	49p	4과
가능하다	59p	6과
가득하다	73p	7과
가렵다	99p	11과
가이드	49p	4과
가입하다	59p	6과
각자	17p	1과
간격	169p	19과
간장	167p	19과
갈다	171p	20과
갈비찜	127p	14과
감동하다	73p	7과
감동하다	185p	22과
강변	221p	26과
강아지	204p	24과
갚다	245p	29과
개다	131p	15과
개인적	19p	1과
거래처	21p	2과
거리	143p	16과
거리가 멀다	51p	5과
거실	209p	25과
건강검진	252p	30과
건망증	252p	30과
건물	151p	17과
(안개가) 걷히다	111p	12과
검사	103p	11과
검색하다	177p	21과
검색하다	189p	22과
게다가	123p	14과
결과	103p	11과
결정하다	21p	2과
결제	59p	6과
경복궁	197p	23과
경우	83p	9과
경제	17p	1과
경험	31p	3과
계단	79p	8과
계산대	191p	22과
고궁	49p	4과
고민	239p	28과
고민하다	241p	29과
고생하다	99p	11과
곧장	43p	4과
골고루	252p	30과
공간	217p	26과
공사	43p	4과
공짜	51p	5과
과장	21p	2과
관리비	143p	16과
광고	21p	2과
광주	59p	6과
광화문	47p	4과
괜찮다	99p	11과
굉장하다	177p	21과
교복	145p	16과
교통 카드	51p	5과
구경하다	67p	7과
구급약	252p	30과
구입일	169p	19과
국민	189p	22과
국제 면허증	103p	11과
굽	64p	6과
궁금하다	17p	1과
그대로	171p	20과
그래서 그런지	123p	14과
그리	233p	28과
그만	67p	7과
그만	99p	11과
그치다	131p	15과
글	17p	1과
글씨	221p	26과

금방	21p	2과
-기	91p	10과
기계	163p	19과
기념	19p	1과
기능	177p	21과
기대되다	13p	1과
기록하다	252p	30과
기름	17p	1과
기분을 풀다	185p	22과
기분이 들다	185p	22과
기분전환	75p	8과
기억하다	193p	23과
기울어지다	201p	24과
기침이 나다	91p	10과
긴장하다	31p	3과
김치냉장고	181p	21과
깜빡하다	185p	22과
깨지다	111p	12과
꺼내다	55p	5과
꽃가루	118p	13과
꽃다발	185p	22과
꽉	171p	20과
꽤	209p	25과
끈	181p	21과
(담배를) 끊다	47p	4과
끌다	64p	6과
끓이다	225p	27과
끝나다	21p	2과
끝내다	39p	3과
-끼리	75p	8과

나

나누다	163p	19과
(물이) 나오다	55p	5과
나오다	177p	21과
나이	185p	22과
나이가 들다	17p	1과
남다	75p	8과
날씨가 풀리다	123p	14과
남산	47p	4과
남산타워	79p	8과
납기일	87p	9과
낫다	111p	12과
낭비하다	249p	30과
낳다	237p	28과
내다	51p	5과
내려놓다	107p	12과
내려오다	47p	4과
내부	169p	19과
냄비	225p	27과
냉동실	169p	19과
냉면	120p	13과
냉장이 되다	169p	19과
넘다	135p	15과
넘다	155p	18과
넣다	163p	19과
노선	230p	27과
녹다	237p	28과
놀다	67p	7과
놀랍다	177p	21과
놀이터	79p	8과
놓다	193p	23과
누르다	163p	19과
눈을 감다	96p	10과
눕다	237p	28과
느낌이 들다	201p	24과
늘다	181p	21과
늙다	155p	18과
늦다	115p	13과

다

다니다	123p	14과
다정하다	145p	16과
다치다	107p	12과
다행이다	201p	24과
당황하다	245p	29과

닮다	55p	5과
담당	204p	24과
담임(선생님)	145p	16과
답사	145p	16과
답장	127p	14과
당장	177p	21과
다시	151p	17과
다이아몬드	151p	17과
대개	233p	28과
대다	39p	3과
대단하다	73p	7과
대리	13p	1과
대전	47p	4과
대접하다	83p	9과
대추차	127p	14과
대학병원	111p	12과
대학원	233p	28과
대표	145p	16과
덜	107p	12과
데이트하다	197p	23과
-도	123p	14과
도구	73p	7과
도둑	181p	21과
도로	115p	13과
도마뱀	96p	10과
도시락	189p	22과
도심	49p	4과
도움을 받다	49p	4과
도장	87p	9과
도전하다	230p	27과
도착하다	113p	13과
독립하다	221p	26과
독후감	103p	11과
돌다	43p	4과
동료	67p	7과
동성	75p	8과
동창회	155p	18과
될 수 있으면	91p	10과

두께	177p	21과
두드러기	99p	11과
드라마	17p	1과
들르다	79p	8과
들어가다	59p	6과
(부탁을) 들어주다	143p	16과
디자인	21p	2과
따다	245p	29과
따로	217p	26과
딸기	111p	12과
땀이 나다	120p	13과
떠나다	193p	23과
떠내려가다	96p	10과
떨어져 살다	103p	11과
떨리다	123p	14과
똑바로	43p	4과
뛰어나다	177p	21과
(비행기가) 뜨다	111p	12과

마

마감되다	87p	9과
마감일	139p	16과
(칠이) 마르다	39p	3과
(몸이) 마르다	155p	18과
마을버스	215p	25과
마음이 가볍다	147p	17과
마중을 가다	28p	2과
마치다	245p	29과
만약	193p	23과
말복	120p	13과
말을 듣다	103p	11과
맞다	123p	14과
맞벌이	181p	21과
맞추다	221p	26과
맡다	17p	1과
매년	49p	4과
맨-	225p	27과
머리카락	171p	20과

머리핀	230p	27과
먼지	171p	20과
멀리	39p	3과
멋지다	145p	16과
멋지다	185p	22과
메다	64p	6과
메모	111p	12과
메시지	28p	2과
면세점	151p	17과
면접	31p	3과
면접관	64p	6과
명동	47p	4과
명절	73p	7과
모니터	49p	4과
모으다	189p	22과
모으다	249p	30과
모이다	135p	15과
목도리	28p	2과
몰라보다	155p	18과
몰래	185p	22과
몸살	91p	10과
무덤	96p	10과
무료	51p	5과
무릎	107p	12과
무리하다	91p	10과
무사히	201p	24과
무상 서비스	169p	19과
무척	185p	22과
문법	39p	3과
문법	147p	17과
문제	99p	11과
묻다	96p	10과
묻히다	96p	10과
물가	17p	1과
미끄럽다	107p	12과
미만	87p	9과
미술	127p	14과
밀	225p	27과

바

바꾸다	17p	1과
바둑	127p	14과
바라다	233p	28과
바람이 불다	131p	15과
바르다	107p	12과
바보	191p	22과
바위	107p	12과
바퀴	64p	6과
바퀴	201p	24과
반대로	120p	13과
반찬	39p	3과
반창고	107p	12과
발야구	67p	7과
발표하다	21p	2과
밟다	213p	25과
밤색	230p	27과
방문하다	49p	4과
배가 나오다	155p	18과
배꼽	191p	22과
배꼽을 잡고 웃다	191p	22과
배낭	107p	12과
백두산	127p	14과
번지 점프	230p	27과
벌레	174p	20과
벗다	55p	5과
벽	169p	19과
벽지	209p	25과
변경되다	55p	5과
변하다	155p	18과
변하다	245p	29과
별명	94p	10과
보고서	39p	3과
보관하다	169p	19과
보라색	230p	27과
보드게임	151p	17과
보험	189p	22과
보험 회사	201p	24과

보호자	204p	24과
복	237p	28과
복날	120p	13과
복잡하다	43p	4과
볼일	21p	2과
봉투	171p	20과
부동산	215p	25과
부드럽다	19p	1과
부부	73p	7과
부서	13p	1과
부자	197p	23과
부장	21p	2과
부족하다	249p	30과
부츠	245p	29과
부하직원	19p	1과
-분	91p	10과
분반시험	139p	16과
분실 신고	193p	23과
분실물 신고 센터	193p	23과
분위기	185p	22과
불국사	127p	14과
불편하다	43p	4과
붓다	91p	10과
붙다	174p	20과
붙박이 옷장	217p	26과
붙이다	107p	12과
붙이다	169p	19과
뷔페식당	230p	27과
블라인드	209p	25과
비가 쏟아지다	131p	15과
비다	174p	20과
비를 맞다	131p	15과
비밀	39p	3과
비서	71p	7과
비용	249p	30과
빈자리	87p	9과
빌딩	111p	12과
(살이) 빠지다	127p	14과
빠지다	201p	24과
빨다	167p	19과
빨대	191p	22과
빨래	167p	19과
뽑다	169p	19과
뿌리다	174p	20과

사

사과하다	230p	27과
사거리	43p	4과
사업하다	155p	18과
사용	163p	19과
사이가 가깝다	67p	7과
사이즈	213p	25과
사인	55p	5과
사춘기	252p	30과
산꼭대기	47p	4과
산책하다	75p	8과
살피다	201p	24과
삼계탕	120p	13과
삼한사온	123p	14과
삶	245p	29과
상담하다	39p	3과
상사	19p	1과
상자	252p	30과
상하다	169p	19과
새우	99p	11과
새해	237p	28과
생각이 나다	71p	7과
생각이 나다	147p	17과
생기다	21p	2과
생신	79p	8과
생활비	181p	21과
생활하다	155p	18과
서대문	47p	4과
서두르다	111p	12과
서랍	171p	20과
서로	67p	7과

서로	145p	16과
서툴다	163p	19과
선반	193p	23과
선약	87p	9과
선을 보다	189p	22과
선택하다	49p	4과
설거지	221p	26과
설문조사	17p	1과
설치하다	169p	19과
성격	143p	16과
성격	241p	29과
성실하다	135p	15과
–세	87p	9과
세금	87p	9과
세면도구	217p	26과
세상	245p	29과
(차를) 세우다	71p	7과
세우다	201p	24과
세일	127p	14과
소개하다	31p	3과
소금	167p	19과
소나기	131p	15과
소리	171p	20과
소방차	94p	10과
소용없다	131p	15과
속도	177p	21과
손바닥	107p	12과
손을 잡다	75p	8과
손전등	64p	6과
솔직하다	31p	3과
수건	169p	19과
수건	217p	26과
수납장	217p	26과
수납하다	217p	26과
수리하다	215p	25과
수술	17p	1과
수업료	139p	16과
순서	167p	19과
술자리	174p	20과
술잔	111p	12과
스마트폰	143p	16과
스스로	204p	24과
스스로	249p	30과
스키장	151p	17과
스트레스	19p	1과
습관	252p	30과
습기	127p	14과
승진	17p	1과
시간표	87p	9과
시내	49p	4과
시절	252p	30과
시티투어버스	49p	4과
식다	169p	19과
식욕	189p	22과
식품	169p	19과
식후	91p	10과
신발장	217p	26과
신분증	59p	6과
신용카드	87p	9과
신입사원	17p	1과
신청	139p	16과
신혼부부	245p	29과
실내장식	71p	7과
실제로	147p	17과
심하다	252p	30과
싱크대	225p	27과
쌀쌀하다	197p	23과
쌓이다	241p	29과
(바람을) 쐬다	75p	8과
쓰이다	120p	13과

아

아끼다	51p	5과
아무튼	83p	9과
안개가 끼다	115p	13과
안내원	28p	2과

안전하다	169p	19과	영국	47p	4과
알레르기	118p	13과	영상	123p	14과
알아보다	155p	18과	영원히	145p	16과
앞두다	145p	16과	영하	123p	14과
앞으로	13p	1과	예금하다	55p	5과
앞으로	221p	26과	예금	163p	19과
애프터 서비스센터	94p	10과	예매하다	59p	6과
액자	252p	30과	예정일	237p	28과
야간	49p	4과	옛날이야기	55p	5과
야경	49p	4과	오랜만	155p	18과
야외	67p	7과	오르다	17p	1과
야유회	67p	7과	오해하다	75p	8과
약통	252p	30과	온-	245p	29과
얇다	177p	21과	온도	169p	19과
어둡다	64p	6과	올 여름	221p	26과
어리다	209p	25과	옷걸이	111p	12과
어울리다	209p	25과	완전히	169p	19과
어저께	123p	14과	왠지	185p	22과
어쨌든	147p	17과	외국인 등록증	87p	9과
얻다	189p	22과	외우다	118p	13과
얻다	249p	30과	외치다	73p	7과
얼다	123p	14과	외투	111p	12과
엄청나다	177p	21과	용돈	230p	27과
엄하다	145p	16과	우울하다	189p	22과
업무	13p	1과	우편	94p	10과
여간	123p	14과	운동선수	127p	14과
여유	75p	8과	운행	49p	4과
역시	147p	17과	원래	120p	13과
연기하다	21p	2과	원하다	49p	4과
연락하다	201p	24과	월드컵	73p	7과
연애하다	185p	22과	월말	111p	12과
연애편지	252p	30과	월세	215p	25과
연인	64p	6과	웨딩드레스	197p	23과
연체료	87p	9과	웬	233p	28과
열	94p	10과	웬만하다	177p	21과
열리다	73p	7과	위험하다	115p	13과
열쇠	55p	5과	유학	189p	22과
열차	193p	23과	유행	39p	3과

유행하다	174p	20과
은은하다	209p	25과
음료수	151p	17과
응급실	107p	12과
응원단	73p	7과
이사하다	215p	25과
이상	135p	15과
이상하다	67p	7과
이자	17p	1과
이제	155p	18과
2(이)차	19p	1과
이틀	91p	10과
이해하다	147p	17과
익숙하다	75p	8과
인터넷	59p	6과
인터넷 전화	181p	21과
인테리어	159p	18과
일기장	252p	30과
일단	193p	23과
일정	17p	1과
일정	115p	13과
잃어버리다	55p	5과
입맛	103p	11과
입사	19p	1과
입장료	47p	4과
입학하다	145p	16과
잊어버리다	185p	22과

자

자나 깨나	96p	10과
자꾸	185p	22과
자료	21p	2과
자신이 없다	31p	3과
자유롭다	221p	26과
작성하다	151p	17과
잔디	174p	20과
잘 되다	147p	17과
잘못	51p	5과

잘생기다	181p	21과
장난감	167p	19과
장학생	83p	9과
재료	111p	12과
잼	111p	12과
재	155p	18과
저금하다	252p	30과
저온	169p	19과
저장하다	181p	21과
적당하다	169p	19과
적성에 맞다	233p	28과
전기료	169p	19과
전기면도기	230p	27과
전망	209p	25과
전선	181p	21과
전세	215p	25과
전자 제품	135p	15과
전주	45p	4과
전체적으로	71p	7과
전통놀이	127p	14과
전통찻집	127p	14과
전혀	139p	16과
절	127p	14과
절약하다	189p	22과
점	241p	29과
점원	64p	6과
점점	99p	11과
젓가락	155p	18과
정기세일	197p	23과
정도	139p	16과
정보	177p	21과
정상적으로	171p	20과
정원	159p	18과
정장	64p	6과
젖다	131p	15과
제대로	51p	5과
제사	73p	7과
제시간에	103p	11과

제시간에	115p	13과
제품	87p	9과
조심하다	39p	3과
졸다	204p	24과
졸업생	145p	16과
좀 더	21p	2과
좁다	71p	7과
종류	79p	8과
종업원	39p	3과
좌석	49p	4과
좌우하다	239p	28과
주머니	71p	7과
주위	83p	9과
주제가	55p	5과
중고품	159p	18과
중국말	39p	3과
중복	120p	13과
중요하다	17p	1과
증권회사	17p	1과
지나다	99p	11과
지도하다	252p	30과
지방	143p	16과
지시하다	163p	19과
지역	143p	16과
지원하다	31p	3과
(약속을) 지키다	103p	11과
직업	135p	15과
직장	249p	30과
직접	163p	19과
진심으로	13p	1과
진짜	171p	20과
진찰	111p	12과
진찰을 받다	107p	12과
집사람	209p	25과
(이름을) 짓다	94p	10과
짬뽕	239p	28과
쭉	155p	18과
(도장을) 찍다	143p	16과

차

차갑다	120p	13과
차다	171p	20과
차량	193p	23과
(상을) 차리다	225p	27과
착하다	167p	19과
참	49p	4과
참	73p	7과
참다	230p	27과
창고	252p	30과
창구	163p	19과
찾아뵙다	213p	25과
처방전	28p	2과
처방하다	91p	10과
처음	13p	1과
처음으로	51p	5과
청개구리	96p	10과
청계천	47p	4과
청소기	171p	20과
초급	139p	16과
초복	120p	13과
총각	213p	25과
촬영(을)하다	64p	6과
최근에	47p	4과
최선을 다하다	135p	15과
최신폰	177p	21과
추가 요금	51p	5과
축하하다	83p	9과
출금	163p	19과
출발하다	28p	2과
출발하다	115p	13과
출산	237p	28과
출장	17p	1과
춤을 추다	143p	16과
충분하다	49p	4과
충치	118p	13과
취직하다	233p	28과
치과	118p	13과

치료	111p	12과
치우다	221p	26과
친척	73p	7과
친하다	103p	11과

카

칸	193p	23과
캐나다	143p	16과
케이티엑스(KTX)	59p	6과
코미디	151p	17과
코스	49p	4과
콘텍트렌즈	64p	6과
크기	143p	16과
클럽	241p	29과

타

태풍	174p	20과
털모자	64p	6과
테이프	143p	16과
통장	174p	20과
특히	75p	8과

파

판매하다	135p	15과
팔짱을 끼다	75p	8과
팝송	19p	1과
펑크	201p	24과
페인트칠	39p	3과
편리하다	51p	5과
평	215p	25과
평소에	217p	26과
포기하다	239p	28과
표정	245p	29과
푹	91p	10과
풀	143p	16과
풀다	19p	1과
풍습	62p	6과
플러그	169p	19과

피가 나다	107p	12과
피하다	131p	15과

하

하도	131p	15과
한숨	233p	28과
한턱내다	83p	9과
합격하다	83p	9과
항상	147p	17과
해결되다	221p	26과
해결하다	249p	30과
햇빛	209p	25과
행동하다	213p	25과
헤드폰	49p	4과
헬멧	252p	30과
헬스클럽	151p	17과
현관	217p	26과
현금	143p	16과
현금	163p	19과
현금인출기	163p	19과
호두과자	79p	8과
호주	197p	23과
혹시	99p	11과
홍수가 나다	96p	10과
화면	163p	19과
화장실	217p	26과
환경보호	189p	22과
환승	51p	5과
환영하다	13p	1과
환자	204p	24과
환절기	111p	12과
회복하다	167p	19과
회식	19p	1과
회원	59p	6과
후회하다	239p	28과
훨씬	73p	7과
훨씬	177p	21과
휴가철	174p	20과

휴일	143p	16과
흰머리	167p	19과
힘	252p	30과

语法索引

간접화법	22p	2과
간접화법 I	22p	2과
간접화법 II	32p	3과
-같은	132p	15과
-거든	83p	9과
-게 되다	13p	1과
-게 하다	250p	30과
-고 가다/오다	59p	6과
-고 나다	99p	11과
-고서	210p	25과
그래서 그런지	124p	14과
-기는 -지만	31p	3과
-기로 하다	14p	1과
-기를 바라다	234p	28과
-기 쉽다	106p	12과
-까지	52p	5과
-끼리	76p	8과
누구(무엇, 어디, 언제, 몇……)	194p	23과
-는 길	75p	8과
-는 대로	242p	29과
-다가	44p	4과
-다고요?	116p	13과
-다니요?	148p	17과
-다면	84p	9과
-다면서요?	123p	14과
-대로	164p	19과
-대신에	139p	16과
-대요(간접화법 축약형)	60p	6과
-덕분에	178p	21과
-던	186p	22과
-던데	226p	27과
-도중에	202p	24과
-들	210p	25과
-때문에	116p	13과
-만큼	226p	27과
-말고	163p	19과
-말고도	218p	26과
-말이다	67p	7과
반말	147p	17과
-뿐만 아니라	156p	18과
'ㅅ' 불규칙 동사·형용사	92p	10과
사동	201p	24과
-사이에	242p	29과
-아/어 가지고	100p	11과
-아/어 놓다	107p	12과
-아/어 두다	249p	30과
-아/어 보이다	241p	29과
-아/어야겠다	217p	26과
-아/어야 -(으)ㄹ 수 있다	108p	12과
-아/어 있다	171p	20과
-아/어서 죽겠다	100p	11과
아무리 -아/어도	52p	5과
-았/었다가	51p	5과
-았/었던	193p	23과
-았/었을 것 같다	131p	15과
-에 따라	140p	16과
-에 대해서	13p	1과
-에 비해서	218p	26과
왠지	186p	22과
웬-	234p	28과
-(으)ㄴ가요?	91p	10과
-(으)ㄴ 경우에는	84p	9과
-(으)ㄴ데	68p	7과
-(으)ㄴ데도	76p	8과
-(으)ㄴ지	43p	4과
-(으)ㄴ 편이다	115p	13과
-(으)ㄹ게요	172p	20과
-(으)ㄹ래요?	225p	27과
-(으)ㄹ 수밖에 없다	164p	19과
-(으)ㄹ 뿐이다	132p	15과
-(으)ㄹ 텐데	194p	23과
-(으)로 해서	44p	4과

-(으)면 되다	140p	16과
-(으)시지요	209p	25과
-을/를 위해서	185p	22과
-이/가 아니라	21p	2과
-(이)라는	124p	14과
-(이)랑	68p	7과
-자마자	233p	28과
-잖아요	172p	20과
-처럼	156p	18과
피동	177p	21과
한 -도	155p	18과